张爱玲

倾城之恋，半生温暖

静雅 著

张爱玲后记

时事出版社

前言

谈起张爱玲，有人会说她前半生华丽热闹，后半生孤独无依，“晚景凄凉”。的确，晚年的张爱玲不愿意见任何人，不愿意与任何人交流。她离群索居，以自己喜欢的方式生活，她在自序中这样说道：“我是知名演员嘉宝的信徒，几十年来她利用化装和演技在纽约隐居，很少被人识破，因为一生信奉‘我要单独生活’的原则。”可见，她是喜欢与孤独和寂寞相处的，心有所向，哪怕是孤单，也是快乐的。

胡兰成的自负和多情，让她伤痕累累，千疮百孔。自从张爱玲阔别大陆去了美国遇到赖雅后，她的感情才开始复苏，赖雅的爱伴随了她后半生的时光，即使最后赖雅先她而去，在张爱玲的心里，赖雅却不曾远离。

晚年的张爱玲，创作是她生活的全部。她研究《红楼梦》，翻译《海上花列传》，编写的《对照记》成了她的绝笔之作。

她曾对自己的晚年生活做了这样的描写："时间加速，越来越快，越来越快，繁弦急管转入急管哀弦，急景凋年已经遥遥在望。"

自从失去赖雅，张爱玲的生活就此落寞、凄凉、孤独，但却不失高冷的气质。走到哪里她都是一袭长袍，远远地，旁人就知道是张爱玲来了。独一无二的装扮，让她犹如海上飘来的玫瑰，庄重，典雅。

每当一个人的夜幕降临，她轻轻拉开纱幔，遥望月色，仿佛一只黑夜中寻找光明的蝉，轻盈，坚定。

也许，她是害怕孤独的。有一次，她邀请庄氏夫妇到她的公寓做客，还刻意叮嘱他们带上全家福，或许，一个人孤单得久了，也是喜欢团圆的吧。

张爱玲的一生可以一分为二，她的前半生在旧上海，看惯了热闹，后半生在美国，以自己喜欢的方式孤单地生活，一袭长袍，质本洁来还洁去，最终完美谢幕。本书将带领读者一起了解张爱玲在美国的艰难生活，一起感受民国才女的苍凉晚年。

目　录

CONTENTS

第三章　归来海上：文化苦旅，遥遥无期

第四章　美人迟暮：独居生涯，落寞时光

第一章

缘分路口：漂洋过海，遇见你

最难以割舍的别离

胡兰成说，她喜欢在阳光漫洒的清晨用透明玻璃杯泡一杯红茶。

然后，躺在茵茵青藤下的长椅上，一个人长时间地缄默不语。

彼时，流光从记忆深处开了花。她喜欢看向遥不可及的天空，或是低下头俯视一只只穿梭往复的蚂蚁。

年轻时的张爱玲，像极了刚沏好的红茶。

她出身名门望族，祖父张佩纶是清末名臣，祖母李菊耦是朝廷重臣李鸿章的长女。

在良好家庭条件的熏染下，她从小就热衷于阅读古典文学作品，也擅长绘画、钢琴和英语。

那些在墙壁上斑驳了的时光，一片片剥落了她的青春，一片片剥落了她的过往。

二十多岁时，她踏着矫健而又青涩的步伐初涉文坛，凭借一部名为《沉香屑·第一炉香》的短篇小说，在上海这个国际大都市一炮而红。

在随后的时光里，她的每一次落笔都惊艳了文坛，每一次发表都绽放了青春。她宛如万花丛中盛开的牡丹，带着淡雅迷人的香味，飞向更高更远的天空。

从此，她开始游弋在文学的海洋中，笔耕不辍，写下了不可胜数的佳作。然而，她从未想过有一天会遇到一个人，一样的才华横溢，一样的放荡不羁。

他就是胡兰成，比张爱玲大十四岁。

如若他不是在夕阳倾泻下的紫藤椅上看了那篇《封锁》，也许至今都不可能认识张爱玲。然而正是那一次巧合，才使他发疯一般追寻她的踪迹。

从一页页跳跃着热情与浪漫的短篇故事，一直追寻到她的住所——静安寺路赫德路口192号公寓6楼65室。

在命运的拼凑之下，他们见了面，并于漆黑的长夜中畅谈了五个多小时。

她爱上了他的拘谨含蓄，他爱上了她的冷傲情深。

然而，爱情之于他们不过是天涯边来往的鸿鹄。

在鲜花烂漫的季节里，于最美的年华相逢，又于最难以割舍的年纪别离。

胡兰成的爱来得汹涌，去得急促。

他爱张爱玲时曾说："我只觉得世上但凡有一句话，一件事，是关于张爱玲的，皆成为好。"不爱她时，却一边勾搭年轻的寡妇范秀美，一边用张爱玲的钱养护士小周。

于张爱玲来说，当爱上一个人时，她曾付出全部的真心，掏心掏肺，哪怕明知被骗，也心甘情愿。

然而，时间久了，千疮百孔的心也会碾碎成泥。

她终究做出了抉择，离开胡兰成占据的堡垒，寻找另一片充满阳光和爱的岛屿。

分手时，张爱玲给他留下了一笔丰厚的钱财，并写信说："我已经不喜欢你了。你是早已不喜欢我了的。这次的决心，我是经过一年半的长时间考虑的，彼时惟以小吉故，不欲增加你的困难。你不要来寻我，即或写信来，我亦是不看的了。"

离开了胡兰成，她仿佛脱离了黑暗的束缚。在泪和恨的翻涌下，她写下了《十八春》、《小艾》等作品。

1952年，张爱玲乘着轮渡穿过绵延的海岸线，来到希望和绝望并存的香港。

她深居简出，为香港"美国新闻处"翻译了很多外国名著，也在空闲的时间里博览群书，以消磨独处时沉闷无趣的日子。

1954年，张爱玲写了很久的作品《秧歌》、《赤地之恋》终于有了英文版。

不久之后，中文版也如天女散花般降临于世。

没有了可歌可泣的爱情，小说成了她此生唯一的希冀。

她有过消沉，有过痛心，但想到世上还有一个执着的梦，还有一个未完成的理想，她突然又从迷茫中清醒了过来。

这一年，她三十四岁，不老，也不再青春。

1955年深秋，黄昏渐近，夕阳晚照。

张爱玲背负着难民的身份，一个人踏上奔走异国的征程。她还不知道，未来将会面临怎样的遭遇，生活又将带给她怎样的挑战。上次离开，也是同样的黄昏。但不同的是，那时她风华正茂，满怀一腔热血，虽是远行，但终究有回来的一天。

而今，当她坐上“克里夫兰总统号”的轮渡，遥望愁云凝重的海陆时，突然有了几分失落和几分感伤。虽然要去的地方是美国，一个世界上很发达的国度，但那里没有亲人，没有朋友，也没有浪漫唯美的文坛，更没有志同道合的笔友。她想起生死未卜的未来，就觉得像是被放逐到另外一个地方流浪。

站在甲板上，扶着粗壮的桅杆，她的心被黑如暗夜的潮水吞噬。在清风徐来的时刻，她忽然想起爱因斯坦临死前说的话——如果一个人在三十岁之前未达到科学上的成就，那他永远都不会有。

一字一句，仿佛针扎。

永远都不会有？

她如今已经三十五了，早已过了三十岁。文学上依旧庸碌无为，未有拿得出手的成绩可言。难道她真的要应验爱因斯坦的遗嘱吗？还是，一辈子就这样沉沦下去，做一个流浪海外的漂客？

她不甘心，也不愿服输。

张爱玲一直固执地认为，美国将是她实现梦想的舞台。不假时日，她可以载誉而归，不用再躲躲藏藏。而世上的人，也终将抬起头来看她，不再是贬到尘埃里的蔑视。

不过，有一件事还是挺让张爱玲开心的。她即将离开之时，宋淇夫妇来到渡口送她。黄昏的秋风吹起张爱玲深黑色旗袍外的深黑色长丝巾，在一声声泪语的告别中，她渐行渐远，而宋淇夫妇仍旧在原地遥遥相望，传达着无尽无穷的思念。

大海，黄昏。

一生有多少梦被揉碎在遥远无垠的海岸线？连同她小小的执着，一起随着海鸥漫过波澜不惊的海面。

她从没想过，当签下难民法后，自己将如何过活。“克里夫兰总统号”并非一个“游轮”，它承载着张爱玲一生的命运，如今若去了，就再也回不来了。

——1953年，美国曾颁布了一条法令，也就是世人常说的难民法。张爱玲，正是在危急关头，在查理德·麦卡锡的担保下，签下了主宰她一生命运的合约。从今以后，她要长居海外，永生永世留在美国。

彼时，梦也好，泪也罢，忘不掉的，已忘掉的，都不重要了。

遥望远方，湛蓝色的是海，赤红色的是天。浮华的红尘早已将她的心掏空，剩下的不过是还能经受住风吹雨打的躯壳。

一阵长叹后，她闭上眼睛深吸着大海的气息。蓦然，清爽、舒适，一切忧愁都随着轻飘的浮云渐行渐远。

回到船舱后，张爱玲心中忽然泛起了太多的渴望。她铺开一张崭新的信纸，决定要和最好的朋友分享一路上的喜悦。信的开头，她亲切地写道："亲爱的文美。"

但写完称谓后，她却突然止笔了。一声浅浅的抽泣响起，不响，也不沉闷，好像船外泛起的浪花，那样轻，又那样漫不经心。

——原来，虽然刚刚离开，她却已经止不住地想念了。

这封信从离开香港写起，走走停停，断断续续，一直写到了美国。每一处地方，每一幅画面，每一个人，都成了她和文美最美好的谈资。就这样，一封洋洋洒洒近六页的信，被张爱玲生动地写了下来。

她颇有感伤地写道："也许你会想我是受恐吓，怕许久不写信你就会不回信，所以赶紧写了来。事实是有许多小事，一搁下来就觉得不值一说了，趁有空的时候就写下来。你们一切都好？代替双十节的放假，出去玩了没有？别后我一路哭回房中，和上次离开香港的快乐刚巧相反，现在写到这里也还是眼泪汪汪的。”

1955年10月24日，张爱玲收到了邝文美给她写的回信。在墨香犹存的信纸上，仍旧跳跃着文美一声声的叮咛。她在百感交集之下，竟有说不完的激动。顿时，她觉得美国也没有那么远，因为大家都在牵念着她，纵使天涯海角，也有一种灵犀。

张爱玲的心是炙热的，仿佛冬天洒过的阳光，越是寒冷，越是温暖。她和宋淇夫妇相交二十多年，彼此肝胆相照，荣辱与共，想来，也是生命中最美好的一段旅程。

后来宋淇曾回忆说：“二十多年过去了，她的旧信已积成了一大堆，我们偶尔翻阅，读到那些富于‘张爱玲笔触’的字句，又像在斗室中晤对清谈了。”

1955年11月，“克里夫兰总统号”在美国的旧金山入境。她下船后，还没有来得及欣赏一座城市的繁荣，就跟着熙熙攘攘的人潮，乘船到了旧金山50号码头。然而，她不曾休憩，又坐上了异域风味浓厚的出租，来到了世界上最繁华的大都市——纽约。

在繁华的纽约，她看到了耸立的高楼，看到了喧闹的港口，看到了错落的街道，也看到了一排排整齐划一的汽车……

虽然很美丽，虽然被繁华充斥着，但却透露着美利坚文化独有的符号，可这并不是她想要的。所以，一向外冷的张爱玲很自然地认为“一切都是别人的，与我无关”。

这是一座陌生的城市，她遇到了一群陌生的人，也开始了一段陌生的生活。而然，炎樱的出现，就像一朵梅花悄悄在寒冷的冬季送来了一抹暗香。

在美国初次见到炎樱，张爱玲仿佛被青春上身，蓦然想起在香港上大学时的点点滴滴。那时两个人一块嬉笑怒骂，又一块天南海北地胡侃。她们从未想过有一天会离开熟悉的校园，进而辗转到远离亲朋的海外。也未曾想到，多年后的相见，竟早已被时光狠狠欺骗，彼此已然人近中年。

被晨曦萦绕的炎樱是开朗的，仿佛一个没有经历过沧桑、落寞的孩子，随处可见朗朗的笑容。

而她呢？

命运好像总爱与她开玩笑，让二十三年前写的一篇文章应验成真。十二岁时，张爱玲写过一篇《不幸的她》。

文中大体上说，一对相亲相爱的姐妹，阔别十年后再聚首。然而物是人非，她们不再风华正茂，也不再秀丽俊美。岁月的洗礼终让一个人幸福美满，另一个人飘零无依。所以，当一切华丽谢幕之后，炎樱生活得很快乐，她却独自在美国流浪。

现在，她就是那个无处安身的飘零客。

张爱玲是感性的，对于往事，她有自己独到的回忆方式。不论朋友也好，亲人也罢，都在她回旋往复的思念里轮回。那些老去的年华，不仅没有从她的心田中洗涤尽，反而像酿成的美酒，飘来醇美的香味。

张爱玲初到纽约之时，还没有地方栖息，所以暂时投宿到炎樱家中。在她的眼中，寄人篱下的滋味是极其不好受的。虽然她和炎樱关系很好，友谊也平淡中见真情。但张爱玲的性格是独立的，当年和姑姑住在一起时，她们就经济分明，况且是住在朋友家，并未有一丝一毫的血缘关系。

她在心中挣扎和乞求：我需要一间属于自己的屋子，需要一处僻静的院落，而非在他人屋檐下过活！

直到后来，张爱玲找到了一间职业女子宿舍。虽然房子很破旧，天天被形形色色的贫困女人环绕，但有了属于自己的空间，她觉得还不错。

张爱玲满怀一腔热忱来到纽约，准备找好时机大干一场。在炎樱家住了一星期后，等来了一个极其振奋的消息——炎樱要带她去见胡适，一个在中国政坛和文坛都响当当的人物。

1949年4月，曾经在中国政坛显赫一时的胡适如流星般陨落。

他不再过问时局动荡的政事，也乘坐豪华的“克利夫兰总统号”，在碧海蓝天下，随着一群追求自由的海鸥来到了美国。

曾经有多少豪情壮志被揉碎在浮藻间，沉淀成彩虹似的梦？

如他，一身才华和思想也被埋没，只得远渡重洋，从此开始飘零闲居的生涯。

早年，他是“五四”新文化运动的领军人物，多少政界、文化界的人都视他如恩师。抗战以后，他又担任驻美大使，集万千骄傲于一身。

而今，繁华荣耀转瞬即逝。

他丧失了挥金如土的钱财，也不再有高高在上的官衔。

他晚年生计清苦，竟连佣人都请不起，一直拿笔的双手也开始操持家务。在夫人江冬秀来纽约之前，所有的大事小事，他都要亲力亲为。

纵然有时劳累，有时清闲，但少了很多红尘中的负担，一心扑到《水经注》的研究上，他的生活也增色不少。在与晚辈友人的一次畅谈中，他颇为感慨地告诫他人："年轻时要注意多留点积蓄。"

他是在告诫他人，又何尝不是在慨叹自己呢？

曾经的风华正茂，曾经的衣食无忧，到如今竟连一份像样的差事都谋求不到。尽管年轻时他曾荣膺几十个美国大学授予的博士学位，又在哥伦比亚大学读过书，但若想在人才济济的美国谋职，仍旧困难重重。直到1950年5月，胡适在百般努力之下，才在普林斯顿大学葛斯德东方图书馆谋求到一个小小管理员的职务。然而这份得来不易的工作没能维持多久，也于两年后华丽落幕。

张爱玲来寻访胡适之前还不知这些，她的脑海里依旧是那位洋溢着孩童般烂漫笑容，眼睛弯起来像月牙的老师。

她一直认为，不论时光怎样蹉跎，胡适在她心中的大师地位永远不可撼动。

当天中午，在炎樱的陪同下，张爱玲来到了东城81街104号的公寓。这是一座用白色的水泥方块砌成的房子，四周种满了花花草草，俨然一副农家乐的样子。

炎樱告诉她，胡适先生就住在这里。多年来，有不少投书的文人来找他，只为求得一字一句中肯的评语。张爱玲听后很钦佩地说："胡适先生的确是很多作者的精神导师。"

从喧闹的街道走进不高不矮的门洞，蓦然抬头，忽见一排排高楼梯突然铺陈开来。张爱玲很熟悉，这正是独有的港式建筑。彼时，她仿佛回到了刚上大学那会，又想起一路走来所遇到的形形色色的人。

两人上了楼梯，一股檀香气味飘了过来。转眸间，一张张红亮的桌椅，一个个靛青色的花瓶，犹如梦境般将她带回到古色古香的中国。

过了一会，张爱玲才半分清醒半分痴醉地想起来，原来这里是胡适的家。

而今，胡适带给她的是怎样的感觉呢?

张爱玲也不知，只是觉得在文学路上迷茫困顿时，总需要一盏明灯指引她。而他，正如漆黑的长夜中的灯火，即便天涯海角，也能看到零星的光芒。

小时候，她就发疯般爱上了胡适点评的书。《海上花》、《醒世姻缘》，每一本都写得平淡中见自然。她爱这种文风，长大后也极力向这种文风看齐。很多年以后，当一本名叫《秧歌》的书横空出世时，张爱玲的第一个念想就是寄给胡适看。

其实，早在1954年，张爱玲就曾把《秧歌》寄给胡适，并附上了一封信，希望得到他像评价《海上花》一样的评语。不久后，她在诚惶诚恐中收到了胡适的来信，那是一封亲笔回信，在小笺上的每个字都像经过精心雕刻，漂亮极了。他用细毛笔将看后的感慨如泼墨山水画般一气呵成地记了下来，还连连称颂，说已达到了“平淡近自然”的境界。

细心的张爱玲还发现，胡适在书名的左侧加了一行，后来却通用引语号。当他用了引语号时，后来又忘了，仍用一行曲线。他说：“……你这本《秧歌》，我仔细看了两遍，我十分高兴能看见这本很有文学价值的作品。你自己说的‘有一点接近平淡而近自然的境界’，我认为你在这个方面已做到了很成功的地步！这本小说，从头到尾，写的是‘饥饿’，——也许你曾想到用《饿》做书名，写得真好，真有“平淡而近自然”的细致工夫。……以上说的话，是一个不曾做文艺创作的人的胡说，请你不要见笑。我读了你十月在信上说的‘很久以前我读你写的《醒世姻缘》与《海上花》的考证，印象非常深刻，后来找了这两部小说来看，这些年来，前后不知看了多少遍，自己以为得到不少益处。’——我读了这几句话，又读了你的小说，我真的感觉很高兴！如果我提到的这两部小说所产生的效果单止产生了你这一本《秧歌》，我也应该十分满意了。……”（节选自西岭雪的《张爱玲传》）

那时，张爱玲手捧信笺，在阳光下微笑，在清风中歌唱，如获珍宝般将信夹在《秧歌》的书稿中。后来到了1957年，张爱玲想申请到南加州亨廷顿·哈特福基金会去时，曾请胡适做担保。而就在那天，胡适将改过的《秧歌》转交给她。

在黄昏的流光漫照下，张爱玲看到了胡适精心的圈注，还有扉页上的题字。他潇洒飘逸的笔墨浸透了厚厚的纸张，犹如中国画中墨染的江山，印证着一代文坛领袖对她的认可。

而今，胡适已经六十二岁了，即便脸上依旧挂着憨态可掬的笑容，却也早已看不到青春的踪迹。他身穿一袭长袍，戴着一副黑边眼镜，见到张爱玲时很亲切地迎了上来，俨然一副正派恩师的样子。

至于胡夫人，在端茶送水间，透露着大家闺秀的和蔼，纵然圆圆的脸上也浮现了苍老，但却依然掩盖不住年轻时娇美的锋芒。胡夫人是安徽人，一上来就给张爱玲带来很亲切的感觉。

彼时，夕阳如静水倾泻而下，洒过胡夫人白皙的脸庞。张爱玲在时光的轻叩下，听到了胡夫人泉水叮咚般的呢喃声。

张爱玲从未想到能在异国他乡听到纯正的安徽口音，就像从冬天一下子来到了春天，那些被流光斑驳了的往事，也如潮水般打了过来。这是她从小就听熟了的老家女佣的乡音啊，此时怎能不让她感慨万千呢？

因为懂得，所以慈悲

江冬秀虽然称不上惊艳，但却有江南女子独具的空灵之美。

她与胡适是旧式婚姻中少有的幸福例子，两人从未经历过轰轰烈烈的爱情，只是在父母之命、媒妁之言的世俗羁绊下，犹如两只天南海北遨游的大雁，终于寻觅到了一处安稳之所。

张爱玲的到来，让这栋沉寂在风尘中的公寓焕发了勃勃生机。

她捧着江冬秀沏的绿茶，闭上眼睛，深深地吸了一口气，当嗅到淡淡的清香之后，才依依不舍地吐出。

蓦然间，她轻声自语："好香！"

若非来到美国，尝尽人影萧索的凄凉，她也不会产生梦归故里的错愕，以为这便是古卷温存的中国，所有的事物都只关乎美的表达。

在时空交叠的黄昏里，朱红色的落日渐入西山。她听着胡适侃侃而谈，思绪竟被带到了二十多年前。

小时候的张爱玲常常到父亲的书房中闲逛，她喜欢清晨的朝阳拂过那扇透明的格子窗，而后洒过莹莹寸光，打在一卷卷泛黄的古书上。

彼时，父亲的向阳窗下，摆放了一摞厚厚的不入流的书籍，而《胡适文存》恰好放在最中间，于所有书籍中独树一帜。

在父亲的眼中，《海上花列传》本就是庸俗不堪的小说，但凡文人都不屑细读。然而看了胡适的考证后，她还是经不住诱惑买了一本，并存放在烛光微摇的枕边，入眠之前必然阅读。

文学的力量总是那么伟大，让人在不经意之间拉近彼此的距离。不论是蜻蜓点水的浅显，还是刻骨铭心的深邃，但凡陷入一片片被涟漪酝开的时光里，总会有万千愁思飞扬，徜徉在梦幻和现实交相辉映的城堡中不能自拔。

很多年前姑姑曾说过，她和张爱玲的母亲与胡适一桌打过牌，交往密切。然而，时过境迁，物是人非。曾经的牌友如今分隔两地，在绵延海岸线的衬托下，一个年老色衰，一个踽踽独行。

命运，仿佛一柄利剑划过那些熟悉又陌生的人。在记忆的海洋中，有的能掀起海啸狂风，有的却勾不起半分涟漪。老去的时光虽然不待人，但每当姑姑回忆起那段往事，仍旧禁不住自语："胡适之长得太年轻了，一眼望去根本看不出年纪。"

多年后，当抗日战争的阴霾从中华大地上消散时，胡适踏着溶溶的月色归来，举国各大报刊纷纷登出他回国的照片。那时的张爱玲年纪尚小，早已记不清照片到底是下飞机还是下船时拍的。不过，胡适的一抹笑容她一辈子都忘不掉，在褶皱的黑白报纸上，跳跃着激情与浪漫。

姑姑看到报纸后的第一句话就是："胡适之这样年轻！"很多年来，她对胡适的评价似乎永远只有两个字"年轻"，除了这两个字以外，竟找不到更合适的词来形容他。

如今，白发和皱纹爬满了他长相稚嫩的脸庞，即便唇角再次微扬，依然无法留下年轻时的笑容。张爱玲很清楚，六十四岁的胡适老了，青春和热血的年纪也在岁月的磨砺下荡然无存。

夜幕降临，月上梢头。

临别之时，胡适笑着告诉张爱玲，如若下次有时间可以再来看他，闲来聊几句文章，烦闷时发发牢骚。

在陌生的国度遇到熟悉的人本就不容易，更何况遇到文学上惺惺相惜、生活中同生共鸣的人，更是少之又少。

她笑着点头答应，上扬的唇角荡开了幸福，浪漫了流光。

回来的路上，霓虹一片尚好。

炎樱无比兴奋地告诉张爱玲，她从未想过有一天会遇到中国鼎鼎大名的胡适。为此，她还特意向周围的美国人打听，想得知有关胡适在海外的一切动态。

然而，陌生和茫然有点让她心灰意冷，胡适的名气不算太大，至少有一大部分人没有听过他的名字。他就像春天里飞扬的白絮，轻轻地来，轻轻地去。

炎樱如实地对张爱玲说："喂，你那位胡大博士的名气在美国不算太高，没有林语堂出名，没有多少人知道。"

纵然炎樱说得轻描淡写，但张爱玲依旧坚持认为，林语堂之所以名声渐旺，全在于他下足功夫推进中西方文化交流。而胡适未曾致力于此，名气小也是自然而然的。

也许世上之人大抵如此，忘却了不该忘却的人，只能记起岁月中匆匆而逝的过客。

在梅雨纷飞的时节，她的呐喊犹如海浪般拍打过来，想击打一块块坚如钢铁的磐石，唤醒一个个沉睡执迷的中国青年。在《忆胡适之》一文中，张爱玲饱含深情地写道：“反胡适的时候许多青年已经不知道在反些什么”，而“年代久了又倒过来仍旧信奉他”。

也许，在海鸥掠过的那片故土，至今仍有不少人沦落为大时代下随波逐流的附属品。他们陷入时光制造的迷雾中，每当看到微不足道的光芒，就会一股脑地冲过去，也不管前方是否有铜墙铁壁，直到撞得头破血流，直到内心最后一丝希望成了泡影，他们才从危难中缓过神来，然而那时所有的一切都已不复存在。

最后的最后，救国救民的“英雄”就这样成了历史的牺牲品，即便他们的鲜血凝聚成了涓涓河流，一样洗不干净一片被污水侵染的土地。或许，他们从未想过，哪些光芒能推进文化的进步，哪些光芒又让坚不可摧的国度沦陷丧失。

曾经，她有一个如水晶般纯洁又高尚的梦。

她希望越来越多的外国人了解中国，而不仅仅局限于神秘和落后。她希望天空飘扬的是管弦丝竹的声音，而不再是喧闹无味的爵士乐。她的渴望如繁星一般悬挂在暗黑的天空，静悄悄地等待月华朗照。

而今，在所有人的冷漠和无视中，她再也沉寂不下去了。她需要爆发，需要向全世界证明，中国不仅拥有五千年辉煌的历史，还拥有比世界上任何一个国度都源远流长的文化。

回到家中，明亮的灯光充斥着整间“饱受争议”的屋子。张爱玲坐在书桌前，看向楼下霓虹交错的花花世界。蓦然间，她发现，原来这里所有的一切都不属于她。

在这所华丽又温馨的房子中，她被冰刀温柔地宰割了一颗追求自由的心。抬头巡视，房子再美丽也只属于炎樱，不曾镌刻她的名字。她只是这片繁华大都市下无处安身的漂客，仿佛一片片零落的秋叶，凄冷怆然。

在回忆的罅隙中，她看到了身穿长袍的胡适翩翩而来，脸上带着如孩童般纯真的笑容。闭上眼睛的一刹那，她又看到了一袭华美旗袍在身的江冬秀，在朱红色的沉香木桌上，为她沏一杯沁人心脾的清茶。

彼时，柔光如清风般拂过来。她仿佛脱离了黑暗，感受到了冬天里最温暖的阳光。

初次拜访胡适尽管很顺利，但张爱玲却有很多话未曾向他开口。

她拥有仙韵缥缈的气质，也拥有孑然独立的个性。若她很敬佩一个人，断然不会在别人面前抛出所有的话。

因此，初次见面时，她和胡适若即若离，未有一刻心意相通。

然而，张爱玲终究不甘于落寞。她想把积攒在内心的话都说出来，想把她的思想、她的抱负原封不动地告诉胡适，因为在整个美国，除了他，没有第二个人能懂她。

她挣扎了数天之后，决定再次拜访胡适。

这次她是一个人前来，没有带着炎樱，只是单纯地以学生的姿态，向“中国白话文运动之父”讨教文章。

她知道，以胡适目前的状况根本无法给予她太多的帮助。即便她想谋求一份差事，寻找一处住所，也需要自己努力，而非叨扰他。

此时的张爱玲怀揣着一个更大的抱负，她要向胡适请教在美国传播中华传统文化的方式，也要向他咨询当一个人陷入人生困境时，应该如何自救，如何寻觅到黑暗中的一缕阳光。

她把他当作亦师亦友的亲人，他们成了多年后仍旧牵挂对方的忘年交。

自从上次张爱玲离开后，胡适便一头扎进书堆中，他特意从浩如烟海的史料中搜寻了很多有关两家来往的故事，才将胡家和张家的关系一一梳理清楚。

在他的邀请下，张爱玲走进了这间弥漫着清香的屋子。彼时，柔光如雨，胡适向她说起那段埋葬于风尘中的往事。两个人就像坐在电影院中，观看了一场有关各自家族的电影。

原来，早在光绪七年（1881年），胡家就与张家有了很深的牵连。

胡适颇为动情地告诉张爱玲，她的祖父曾经帮过他父亲一个小忙。

当年胡传正处于人生的低谷期，便登门造访张佩纶，希望他能帮自己铺一条路。得知胡传的际遇后，张佩纶二话没说，随即给身边的“清流”朋友写信，向有权有势的富绅官吏推荐胡传，并为他繁花似锦的前程打下了坚实的基础。

多年后，张佩纶遭遇贬谪的困境，胡传得知此事后大为震惊，于千里迢迢之外，写下了洋洋洒洒的信函，并寄来了二百两银子。

中国有句古话说得好：“滴水之恩当涌泉相报。”

何况，张佩纶帮胡传的并非“小忙”，而是决定他以后鲲鹏之举的大忙。庆幸，这份恩情没有被历史的风沙埋没，也未葬送在冷漠的人情世故中。风光时他们彼此谦逊往来，失意后又惺惺相惜，从未因悬殊的位置差异而蔑视对方。

张佩纶颇为感动，曾在日记中特别记录了这段往事。

蓦然，清风如歌，吹落了多少往昔。

那些在记忆深处诉说着的过往，总会勾起惦念的人无限的回味。

清晨，阳光划破薄纱似的云层，慵懒地射进典雅别致的书房。

听完曾经的故事，她先是惊诧，而后又陷入了绵绵的沉思中。

如果当真存在那些往事，那他们的相逢竟成了命运的巧合？抑或者，他们本就有缘分，异国他乡的再见只是生命中一段不可或缺的旅程？

借着沁人心脾的茶香，她再次抬起头看向胡适，余光划过一叠叠恍如高山的文件夹。蓦然间，张爱玲心中竟激起千万朵浪花，在晌午最美的时刻拍打到灿如黄金的沙滩上。她渐渐地感受到深陷困境后如沐春光的窃喜，也聆听着大时代下一位伟人的谆谆教导。

张爱玲的目光时不时地扫过书桌上一沓沓的文件夹，她不知道一位学贯中西的洋博士到底有怎样的读书习惯？难道他喜欢将每本书中最精华的部分摘取出来反复阅读？还是在别个作者的一再请求下，他要为之写下一段段譬如评价《秧歌》的书评？

然而不论如何，张爱玲对他依旧敬而仰之。

自从来到美国之后，胡适的书房便再也没有藏书。他曾经很喜欢收藏古籍，有了兴致必会一页页地翻阅。读到开心的地方，他有时会大笑不止，有时会浅笑摇头。

而今远在美国，比不得古韵盎然的中国。他常常搬家，那些珍贵的书籍也在一次次的流浪中渐渐丢失。后来，他不再存书，只是将他感兴趣的书籍摘录下来，放进一沓沓的文件夹子中。

在这一点上，张爱玲竟与他出奇的相似。

她也不喜欢存书，身边只是放着最爱看的那几本。她无比热爱

《红楼梦》，她认为这本书要读一辈子。所以，她不论是漂洋过海也好，还是在中华大地上遨游也罢，身上总要带着这本历经风霜雪雨的奇书。除此之外，凡是她看过的书，有些记在脑中，而有些看过却记不住，说明那本书也没有太大的价值，更没必要留存。

在这间狭窄又精巧的书屋中，每当两个人谈到读书之乐时，各自都有各自不同的体会。张爱玲告诉胡适，她初来美国，并不知道去哪里借书，也不知道哪里的藏书丰富，哪里的环境优雅。

胡适听了她的疑惑，颇为淡然地笑着说："你要是看书可以到哥伦比亚图书馆去，那里的书很多。"

很多？看来他经常去吧。张爱玲在心里想着，嘴角不禁浮现出浅浅的笑容。

在炎樱家居住的这段时间里，她经常去市区的图书馆借书，但却从未去过胡适口中的哥伦比亚图书馆。在张爱玲眼中，这样的图书馆很神圣，也充满了神秘性和庄严性。若以后有了时间，她定会一头扎进哥伦比亚图书馆，看那些让自己热血沸腾，也让自己汲取到无限营养的书。

只不过，她如今食不果腹，无处安身，哪有闲情雅致去哥伦比亚图书馆看书呢？

阳光透过晶莹的玻璃窗，洒在沉香木桌上。两人的谈话如同一阵春雨，在渴望中生长，在追求自由的季节里焕发出勃勃生机。彼时，胡适像一尊金佛，突然成了她最独一无二的信仰，也成了她文学上冲破黑暗的领路人。

她说话那么小心翼翼，生怕一字一句出错，从而引起他的反感。她又那么爱沉默，不是不愿意回答，只是不知道以何种方式脱口而出。

在流光的潮汐中，胡适变得越来越敏感。他若发现自己的话让张爱玲微蹙眉梢，抑或缄默不语，就会蜻蜓点水般绕过无趣的话题，进而一张一弛地转移到另外一个话题上。

在胡适的眼中，她不过是一个孩子，一个需要人疼、需要人关心的少女。纵然她身上捆绑着如钢铁般坚硬的躯壳，却仍旧挡不住风刀霜剑的袭击，挡不住岁月流逝的摧残。

她把青春葬送给了爱情和文学，把所有的希冀交付给了蔚蓝的天空、涓涓的细流。她爱祖国的山川大河，也爱深山中的袅袅炊烟。

她原以为爱情是生命中最弥足珍贵的东西，却不想，最后陪她走下去的，只剩下一篇篇精美的文章和一部部悲情的小说。

她是一个感性且怀旧的人，而胡适，懂她。

当张爱玲问起书桌上一沓沓的文件夹时，胡适毫不避讳地告诉她，这是研究《水经注》的材料。在美国的这些年里，他把毕生心血都倾注于《水经注》的研究上了。他喜欢中国古典而有价值的东西，他希望将中华民族的灿烂文化分享给更多的人，包括自傲又自负的美国人。

听了他的话，张爱玲仿佛从漆黑的长夜中渐渐苏醒。她很坚定地再一次向胡适表示，有机会她一定会把《海上花》和《醒世姻缘传》翻译成英文。她要让中国的小说文化深入到世界文坛的每一个角落，也要用最强有力的声音告诉他们，广博浩大的中国一样有耐人寻味的名著。

张爱玲的豪情壮志让胡适颇为欣慰，他没想有到在耄耋之年，在异域他乡，还能遇到一个志同道合的文友。他相信，这一定是上天的眷顾。不然，他和她的先人怎么会很早就相识，而她又为何能在美国找到他?

胡适鼓励张爱玲，既然有了这个想法，就应该大胆地去尝试，若在此期间遇到任何困难，他都会提供最无私的帮助。

张爱玲不由微笑——初来乍到，被人这样呵护，她既感动又开心。

胡适见了，若有所思地怔了一会。突然间，他竟忍不住地露出了笑容，就像一个猫脸的小孩。自从他看了张爱玲寄过来的《秧歌》后，就对她深厚的古典文学功底和扎实的文学领悟能力十分钦佩。

他坚信，这个梦，只要张爱玲愿意做，就一定能实现。

11月末，当萧瑟的秋风拂过凄凉的街道时，感恩节就这样不经意地到来了。

傍晚时分，华灯初上，月华朗照，整个城市陷入到一片温暖而又惬意的氛围之中。张爱玲推开卧室里的天窗，看向这座洋溢着幸福的陌生城市。

她仿佛一片落叶，找不到生她养她的灌木，也不知道该往何处安生。也许，命中注定，她一辈子要漂泊天涯了。

感恩节的晚上，炎樱约张爱玲去一个美国女人家吃饭。若是以往，这天大家应该聚在一起吃火鸡。然而等张爱玲来到房中时，闻到了一阵烤鸭的香味迎面扑来。

她紧挨着炎樱坐下，本想拿起酒杯大闷一口。当她看到四周围坐的异乡客，听到喧闹又风格迥异的音乐时，她的心竟有一股股热血在窜动。

他们都是流落他乡的人啊，在风雨颠簸的岁月里，已被西方文化同化。

他们开始说起英语，过起洋节，甚至吃起西餐。张爱玲没有在他们的瞳孔中发现哀伤，也没有从他们的言语中捕捉到思念。

也许，他们早已习惯了这个地方，既来之则安之吧。

蓦然间，她感到很孤独，仿佛与屋子里的任何人都格格不入。

如果说，当张爱玲坐上"克利夫兰总统"号，站在甲板上仰望碧海蓝天时已失去了人生的方向；那么，现如今坐在陌生的人群中，竟连举杯都不知道与谁碰的张爱玲，则早已彻彻底底地陷入人生的绝望之中。

她心疼，她憔悴，她有太多话不知与谁诉说。在欢乐的氛围中，只余她饮下一杯杯烈酒，吃下一块块鸭肉。

宴席散去，长夜漫漫。

张爱玲独自走在回去的路上，或是看向玻璃橱柜上散发着的莹莹寸光，或是抬头平视在路灯的照耀下显得格外冗长的灰色街道。她像一个灰姑娘走进了大都市，一边蹦啊跳啊地舞蹈，一边怀念着与之似曾相识的过往。

那年冬天，旧上海雪花纷飞。她一个人走在冷寂的长街上，寻觅一家家关了门的衣服店。她不为买衣服，只为在冷风刺骨的冬天，伸手触摸一个个晶莹剔透的玻璃橱柜。她喜欢看偌大的橱柜里站着的模特，也喜欢看一件件穿在模特身上却没有任何生命迹象的衣服。

当年霓虹交错，所有的一切都仿若在昨日。

而今，她再也找不到当时的感觉，再也体会不到冷风下一个人的快乐。

她只有落寞，只有无家可归的凄凉。

倏然间，她的胃一阵剧痛，犹如被蝼蚁撕咬了一口。然而，这条街快走到了尽头，炎樱的家就在前面，她还能撑过去。

回到家中，她立马扎进卫生间，将晚上吃的饭一股脑地吐了出来。

暗金色的墙壁像是为她哀伤，也像是劝她珍重。张爱玲用冷水洗了一把脸，想使自己清醒一下，却不曾想，外面的风比洗漱间的水还凉，她终究陷入到似梦似真的环境中无法自拔。

正在她万般感慨的时刻，炎樱说胡适打电话找她。这天是感恩节，她原以为所有人都将她忘记了，不曾想胡适还记得她，就像一个父亲般切关心女儿。

胡适在电话那边笑着告诉她，如今天寒了，他希望张爱玲能与他的家人一块下中国馆子。毕竟美国比不得中国，初来的东方人一点都不习惯这里的饮食。况且，她如今远在异乡，每逢佳节倍思亲啊！胡适明白，她有时是一个女人，而有时又是一个女孩。

而女孩，终究是需要关心的。

听到胡适对她的关心，张爱玲一颗感激的心竟不由自主地颤抖了起来。

以往，她从未向任何人哭诉过，即便受了再大的委屈，她也会放在心中不与任何人诉说。而今，她尝尽了异域他乡的苦，受尽了百般折磨的累。她的心倦了，竟将吃完烤鸭后又着了凉，不慎呕吐的事情一五一十地告诉了胡适。她还说，如若自己的身体没有出现状况，一定会应约一起吃饭，只是如今身体微恙，她实在无法赴约。

胡适没有催她来，在一阵关心之后才挂了电话。

虽然没有吃上那顿饭，但张爱玲的心里却溢满了感动。她红了眼眶，花了浓妆，原本冰冷似针扎的胃也渐渐地回暖了。

如若长期寄人篱下，即便别人不说，张爱玲心中也会感到惴惴不安。她不是害怕被人驱赶，而是自尊心的挑唆让她不得不做出裁断。贫穷，一个让人闻风丧胆的字眼，有时在友谊和风度面前会显得很脆弱。

她不想让帮助过她的人为难，也不想让曾经留给她美好回忆的人难做。她思前想后，只有狠下心搬出去，一个人过清静的日子，才是她所要追求的生活。

张爱玲从炎樱的朋友那里打听到，原来他们有人曾经住过一个职业女生宿舍。这个职业女生宿舍是救世军办的，就坐落在哈德逊河畔，是一个接济难民的住所。她有了差不多的了解后，便在别人的介绍下住了进去。

然而，所有的一切并没有想象中的那么好。她感觉自己住进了地狱，每天都能目睹一个又一个人的死亡。

彼时，流浪汉、酒鬼的叫嚣声，胖太太、小老头的垂死挣扎声，还有婴儿呜呜咽咽的哭泣声，漫卷过整个宿舍，渗进黑暗又深邃的长廊中。

这样寒酸的地方，谁来到这里都会排斥，然而她除此之外再无住所，即便曾经有一个住进奢华院落的梦，也在现实的层层打压下被磨得无棱无角。

她如今“虎落平阳”，怎能像幼时一样讲究呢？

在那段并不美好的日子里，胡适突然来到这所公寓。他抬头看向一间间破落的房子，或是闭目聆听四周喧闹的叫喊声和婴儿的啼哭声。

倏然间，张爱玲觉得很窘，就请他去了客厅闲坐。空旷的房间足足有学校礼堂那么大，而且四周黑漆漆的，残存的光亮洒过来，可看到最前面有一个讲台，讲台上有一架钢琴。台下则是空空落落的旧沙发，沙发上布满了灰尘，看样子不怎么有人来过。

当然，张爱玲也是第一次来这个地方。如果不是因为胡适来看她，也许她永远都不会进来。两个人缄默了一会，张爱玲看着胡适满脸释然的模样，竟只能无可奈何地笑了笑。她在为自己的窘境而冷笑，也在为拿不出一样待客的东西而自嘲。

不过，胡适却不以为然，他参观了很大一会，竟连口赞叹说："还不错，很好，很好啊。"坐了一会，他又起身往四周看了看，嘴角仍旧发出称赞的声音，并不像是在宽慰张爱玲。她在心中默默地暗想："还是我们中国人有涵养。"

张爱玲很清楚，胡适之所以说好，正是为了夸她没有虚荣心，宁可住在一间破落的房屋中，也不愿委身他人篱下。她有强大的自尊心，远比铜墙铁壁还要坚硬。

他们在这间破旧的客厅中尽情地畅谈古老的旧时文学，或是激情澎湃，或是心神荡漾。她蓦然间发现，屋子里的一切物象竟与他们的谈话相得益彰，成了那段记忆中最美好的陪衬。

暮色渐晚，夕阳如血。

他起身告辞，踏入江风如雨的长街上。张爱玲送他，两人站在台阶上仍说了不少话。

胡适穿了一件黑大衣，裹着厚厚的围巾，整个脖子缩进了黑衣中，成了一尊庄严的雕像。张爱玲发现，他的视线总是望向房屋前面的赫贞江，仿佛有太多心里话难以启口。

她也痴痴地看向那片大江，想发现胡适眼中优美的景色。然而等时过境迁后她才知道，原来那次的离别，竟成了一辈子的不再见。

多年后，张爱玲用沧桑的笔墨写道："我送到大门外，在台阶上站着说话。天冷，风大，隔着条街从赫贞江上吹来。适之先生望着街口露出的一角空蒙的灰色河面，河上有雾，不知道怎么笑眯眯地老是望着，看怔住了。他围巾裹得严严地，脖子缩在半旧的黑大衣里，厚实的肩膀，头脸相当大，整个凝成一座古铜半身像。我忽然一阵凛然，想着：原来是真的像人家说的那样。而我向来相信凡是偶像都有'黏土脚'，否则就站不住，不可信。我出来没穿大衣，里面暖气太热，只穿着件大挖领的夏衣，倒也一点都不冷，站久了只觉得风飕飕的。我也跟着向河上望过去微笑着，可是仿佛有一阵悲风，隔着十万八千里从时代的深处吹出来，吹得眼睛都睁不开。那是我最后一次看见适之先生。"（节选自清秋子：《爱恨倾城小团圆》）

张爱玲对著名人物的评价向来苛刻，如果一个人走不进她的心里，她断不会以这样一段看似平淡又深入人心的文字记载那段过往。

然而，当一个人走到人生的尽头时，才会体会到有多少美丽的梦在渐渐地支离破碎。胡适老了，他比张爱玲更能意识到幻灭感。不过，令胡适未曾想到的是，她也有过幻灭，而且是比普通人更猛烈、更早的幻灭。

自那日一别，直到此后的很多年，张爱玲只是与胡适保持着书信上的往来。

1956年2月，张爱玲离开纽约，去了新英格兰。在此期间，她给胡适写过信，还曾告诉他结婚的事。

1958年，张爱玲为了享受写作资助，申请到南加州亨廷顿·哈特福基金会住半年，她还写信让胡适做担保。胡适答应了她的要求，并将张爱玲三年前送他的《秧歌》寄回。收到书的时候，她看到了扉页上的题字，也看到了通篇的圈点。

那时她从未想过，自己最敬佩也最自豪的偶像做事竟会那么细致。张爱玲彻底被感动了，直到后来写回忆文章时，她仍旧感觉心口有热泪翻滚，不自觉地红了眼眶。

1958年，一个雾天的早上，张爱玲读报时看到胡适返台，并担任台湾“中央研究院”院长的消息。那天，她嘴角轻扬着微笑，情不自禁为好友开心。

1962年，胡适在一次宴会上做演讲时，心脏病猝发。几天后，他于百般挣扎下，安详地闭上了眼睛。那时，张爱玲一身贫苦，正被生计压迫，在报上看到新闻，也没有太悲伤，只是在合上报后，突然觉得心神惘惘，像是一个迷路的孩子。

也许，胡适这样的伟人既是她的偶像，也是活在她精神世界里的哲人，以至于他活着还是死去，都无法泯灭掉他在张爱玲心中的地位。

张爱玲曾说道："在宴会上演讲后突然逝世。也就是从前所谓的无疾而终，是真有福气。以他的为人，也是应当的。"

转眼已过数个春秋，当张爱玲稳定下来，生计负担不再沉重时，突然有了翻译《海上花列传》的打算。然而在她拿起笔的那一刻，脑海中蓦然浮现出胡适灿烂的笑容。

他终究是去了，逃离了人世间的喜怒哀伤，作别了一个他既热爱又憎恨的世界。

也许在天堂，他过得一样很好，正向他更多的学生授课，或与先哲们讨论《水经注》去了。

张爱玲眼眶湿润，泪没来由地滚了下来，打湿了厚厚的稿纸。她从未想到，多年前胡适死去时她未有半刻伤心，而今再次想到他却频频落泪，频频哀伤。

她突然后悔，没有于几年前翻译《海上花列传》。不然，当时可让胡适推介，而且他也应该无比高兴。想起最后一次见他，张爱玲倏然一惊——"这才真正觉得胡适之先生不在了。"

曾经在赫贞江畔，老人身穿黑色大衣，脖子上裹着厚厚长长的围巾。他举目远眺水天相接的地方，有太多梦和现实的幻灭，起于远方，逝于远方。

张爱玲为之心疼，也为席卷心底的一丝暖意而感伤。而今，她再次临江远眺，除了寒风凛冽之外，别无二样。

她在想，那心中的一袭暖流，也许终究会被他带走吧。

漂洋过海遇见你

麦克道威尔文艺营建立于1907年，由美国著名作曲家爱德华·麦克道威尔的遗孀玛琳·麦克道威尔所创立。

文艺营坐落在风景别致的新罕布尔什州，整栋建筑物占地四百二十英亩，由四十多栋大小房屋、别墅、工作室、图书馆等建筑物构成。

站在建筑物最高点举目四望，苍山与绿水相间，大地与白云亲昵。

在美国文人眼中，麦克道威尔文艺营俨然是一处世外桃源，也成了文人们相互交流、举办文艺活动的绝佳场所。

这里没有世俗的叨扰，也没有战争的洗礼，只为容留一个个四海飘零的落寞作家。

在美国生活了不到一年，张爱玲依旧没有任何收入。她不像好友炎樱那般幸运，至今仍是大海中的浮萍，漂泊不定。

1956年2月到了，按照先前的规定，她必须搬出职业女子宿舍。可离开这里，她还能去哪里？

这座孤独的城市，处处流露着资本主义的丑态。所有的一切都围绕着利益进行，让她举步维艰。

曾经，有人劝张爱玲不妨先写一本畅销书试试，既可以奠定她在美国文坛的地位，又可以解决生计问题，以后的诸多路也都能铺陈开来。还有人向张爱玲提供了一个好的题材，只要她动笔写，就能收到丰厚的回报。

然而，张爱玲却异常坚决地回答他们："不！我绝不写自己不想写的人物和故事。"

初到美国时，张爱玲小心翼翼地捧着《秧歌》投给了美国出版社，她原以为能带来丰厚的版税收入。却不料，《秧歌》在美国出版后叫好不叫座，出版社没有再版的意思，她也只是拿到了微薄的稿酬。

在万般不得已的情况下，她开始效仿美国作家，向写作基金会求助。

1956年2月13日，张爱玲在她的美国出版代理人莫瑞·罗德尔女士的提议下，正式向爱德华·麦克道威尔提交了入驻申请信：

"亲爱的先生，夫人：

我是一个来自香港的作家，根据1953年颁布的难民法令，移民来此。我在去年10月份来到这个国家。除了写作所得之外我别无其他收入来源。目前的经济压力逼使我向文艺营申请免费栖身，俾能让我完成动手在写的小说。我不揣冒昧，要求从3

月13日到6月30日期间，允许我居住在文艺营，希望在冬季结束的5月15日之后能继续留在贵营。

张爱玲敬启”

（节选自西岭雪：《张爱玲传》）

如果说来美国之前的张爱玲过惯了锦衣玉食的生活，那么到美国之后，她的生活竟连底层工人都不如。信中提及，她希望在冬天结束以后继续留在文艺营，很明显带了点恳求的色彩。

她是何等高贵的人，又是何等孤傲，不入凡尘。

而今，她却为了一箪食、一豆羹委身卑词，不禁让很多喜欢张爱玲的人欷歔不已。

然而，在那个只看重钱财和利益的资本主义社会，为了生存，她又能做何种选择呢？

作家，一个可以上入天堂，下达地狱的职业。若依靠版税和其他职业养活不了自己，就只能依靠资助过活。

而张爱玲，不过是入乡随俗而已。

她在莫瑞和另外两名文坛名宿的担保下，于3月2日收到了文艺营同意接纳她的回信。

3月中旬，张爱玲怀揣着一颗归属文学的心，一个人踏上了贯穿纽约和波士顿的火车。下了车后，她又在附近找了一辆大巴，一路向北开往新罕布什尔州，慢慢地驶入彼得堡镇。

前往文艺营的路好遥远，她满身疲惫，想倚靠在座椅上熟睡。然而，冷风吹来，渗进她单薄的衣衫中，不禁让她打了一个寒战。

黄昏，一抹稍纵即逝的凄凉袭来。她紧了紧衣服，抬头看向即将没入西山的残光。冷寂萧索，一切都在悄悄归于暗夜之中。蓦然，一滴泪盈满眼眶，想要落下，却在清风的抚摸下花了浓妆。

依旧是漂泊不定的日子，她还要历经多久？

难道在美国，她要这样孤独终老，颠沛流离一生吗？

她，不愿意！

当大巴开到郊外的麦克道威尔文艺营时，天色已暗沉下来，星辰和月色皎皎，却不如故乡明。下了车，她借着幽幽清辉，还有四周明灭可见的灯光，终于看清了她的“新家”。

原来，这里这样美！

宽大的玻璃窗像极了一块块晶莹剔透的水晶，一抹月华倾泻而下，照在构造巧妙的房顶上，焕发着勃勃生机。婆娑的风声，夹杂着虫鸣声淡然而来，就像演绎一场大自然优美的协奏曲。二十八所独立的艺术工作室或建在草坪上，或凌驾于灌木丛中。

悠然安逸，不入凡尘。

她仿佛觉来到了仙境，又仿佛到了世外桃源，与世无争。

张爱玲在这里有了自己的卧室，还分到了一间独立的工作室。

山上比不得山下，尤其到了晚上，温度直降到零下34度。她来自南方，自幼过惯了气候适宜的生活，而今望着皓空朗月，竟开始思念家乡了。

真有点“举头望明月，低头思故乡”的味道！

还好，屋子里一直供着暖气，她的身体也没那么冷了。

在文艺营稳定后，她马上投入到小说《粉泪》的创作中。这本书是《金锁记》的拓展本，也是一次思想和艺术的升华。她想凭借这本书当年在上海的风靡程度，打开美国的市场。

在张爱玲心中，林语堂是她效仿和学习的对象。在美国，林语堂的名字如雷贯耳，他的英文小说《京华烟云》曾获得诺贝尔文学奖的提名，而他本人也深得美国出版商和读者的青睐。

这条路洒满了阳光、花香和青草味。她坚信，只要足够努力，就一定能抵达充满光明的城堡。而今的文艺营，正是她滋长才情、肆意创作的绝佳场所。

麦克道威尔文艺营充满了欢乐，也遍布着自由和浪漫的曙光。

每天清晨，作家和艺术家们簇拥着去吃早饭。在餐桌上，他们尽情地挥洒自己的创作思路，仿佛相互之间既是听众又是老师。用完早餐后，又伴着一道道暖阳，各自回到工作室潜心创作。为了给他们提供一个安心的创作环境，午餐是各吃各的。服务人员会提着一个放满饭菜的篮子送到他们的工作室门口，由他们自取。

每天下午4点钟之后，文艺营允许大家自由活动。他们常常聚集在一起，或是小酌几杯，或是聊天娱乐。等用完晚饭之后，又扎堆聚在一起，相互之间天南海北地闲聊，也为彼此打开了宽广的创作思路。

张爱玲喜欢这样的聚会，她喜欢聆听不同人的故事，喜欢品味每一首小诗，每一段音乐，也喜欢坐在人群中缄默，两眼弯成月牙似地低头冥想。

若是写累了，她常常站在工作室的玻璃窗边，舒心地远眺新罕布什尔州空灵的群山，还有山下依稀可见的万家灯火。

纵然是异域他乡，她一样能体会到，每家都有各自的故事，每个人都有不同的经历。偶尔，玻璃窗前的小树上会蹿过一只小松鼠，而后朝着清辉暗洒的远方欢乐地奔去。这时，她总会追着小松鼠的背影傻傻地看，良久良久才缓过神来。她知道，这里不是上海，再安逸的氛围，再多姿多彩的生活，一样换不回故乡的明月。

1956年3月13日，张爱玲永远忘不了那一天。

那是她的第二春，距离1944年2月初见胡兰成，整整过去了十二年！

十二年，一个轮回，她庆幸等到了。

在一间被阳光倾洒的大厅中，他从人群中走来，一袭整洁的西装，仿佛遮盖住了沧桑的年纪。

他——就是赖雅。让张爱玲爱了十一年，也为之倾尽所有的男人。

他没能拥有中国古代公子儒雅的模样，也不曾风流倜傥、气质如兰。相反，他却顶着一个偌大的啤酒肚，体重达八十多公斤。那张爬满皱纹的脸上布满了花白的胡子，而举手投足间竟像极了圣诞老人，每次演讲都能博得大家一阵一阵喝彩。

初见之后，张爱玲成了他独一无二的听众。

每当赖雅在文艺营展开妙趣横生的演讲时，她总会坐在靠近窗户的位置，乐此不疲地听他讲完所有的故事。

他像一位浪漫的诗人，为每个戏剧披上一层朦胧的白纱。渐渐地，张爱玲悄悄地走进了他的世界，又在不知不觉间敞开了十二年来未曾打开的心扉。她温柔婉约，有江南女子的空灵之美，也有诗韵犹存的含蓄之美。她说话不多，也不喜欢在人群中表现自己，就像一朵盛开在漫天雪海中的梅花，自有暗香来。

认识的第二天，赖雅与张爱玲有了几分钟的小叙。当得知张爱玲在美国的遭遇后，赖雅对她大加赞赏，并于当天写下日记，称赞她庄重、和蔼、可亲。

两天后，一阵暴风雪漫卷而来，掩盖了整座荒凉的山脉。曾经绿草萋萋的文艺营突然披上了一件白纱衣，如同一个正要出嫁的姑娘。

赖雅和张爱玲相约在回廊中，谈得忘记了时间，也忘记了寒冷。彼时，在清雪的辉映下，她看到了面前这个男人独一无二的笑容，竟恍如摄人心魄的鬼魅，偷走了她含苞待放的心。

到了3月底，他们经常去各自的工作室做客，偶尔聊聊创作，偶尔一块去房外散散步。然而，从4月1日开始，他们俨然成了一对情人，结伴去大厅用餐，在文艺营各处出双入对，无话不谈。

张爱玲喜欢分享自己认为好的东西，她把在美国出版的《秧歌》拿给赖雅看，也把写了一部分的《粉泪》请他指教。在她眼中，赖雅不仅是一个难得的朋友，也成了她文学创作上的老师，指引她一步步往更高更远的未来迈进。

很显然，这个老师是合格的。

赖雅帮她梳理了《粉泪》的创作构架，给她提供了一系列有创建性的意见。他的博学和豁达，让对才子倾慕不已的张爱玲深深地沦陷。

不久之后，他们开始独来独往。

赖雅总会给张爱玲讲起他曾经的那些趣事，从小时候的淘气，一直讲到中年时的鼎盛，再到老来时的安逸。他是一个有故事的人，也是美国好莱坞的职业编剧。那些被岁月冲刷而后渐渐被遗忘的故事，经他的笔墨滋润，成了妙趣横生的电影。

对，听他讲故事就像看一场情节跌宕起伏的电影！张爱玲深深地沉迷其中，竟不由自主地赞道："他，不愧是好莱坞最具才华的编剧。"

爱情的到来，让张爱玲那片长满荒草的心忽然发出了绿芽。此时，赖雅给了她依靠，也让她找到了下半辈子的寄托。

从此，她不用漂泊，也不用在无人的夜里一个人入眠。

5月12日，在相处了仅仅两个月后，他们就同榻同眠了。她已将终身交付，他也把她当女儿一般小心呵护。后来，赖雅在日记中写道："Went to the shack and shacked up。"（去房中有同房之好。）

这一年，张爱玲三十六岁！

她早已不是青涩懵懂的小姑娘，也不再是岁月的奴隶。有了上次爱情的教训，这次她能答应赖雅，可想而知，心中曾经受过怎样的折磨！

可最后，赖雅还是征服了她，就像一枚种子，在她心间悄悄地开了花。

那么，这个已经六十七岁的男人，到底用了怎样的手段，才掠走了一代才女的芳心呢？

斐迪南·赖雅（Ferdinand Reyher），美国一个才华横溢又特立独行的作家。与张爱玲的邂逅，他一下子陷入了一场华丽的梦境中。不可否认，在他即将迈入黄土的时候仍能被人爱、被人疼，这辈子足矣。

赖雅生于1891年的费城，父母都是德国移民。从小时候起，赖雅的家庭教育就出现了两极化。父亲对他极为苛刻，而母亲却对他百般纵容。

他自幼就是奇才，很小的时候就能当众吟诵诗歌，被人们称为"神童"。

1912年，赖雅顺利考入哈佛大学，读文艺学博士，毕业后不久，即入麻省理工学院任教。

赖雅在读硕士时曾写过一个《青春欲舞》的剧本，没想到威廉·尼尔逊教授看后大为赞赏，并给他在麻省理工学院谋了一个教职。

然而，一个天性浪漫的人是无论如何也锁不住的，赖雅就是这样一个人。

他喜欢追求自由，喜欢周游列国，喜欢无拘无束的散漫生活。

所以，在麻省理工学院任教仅仅一年，他就辞了职，转而跑到《波士顿邮报》当起了记者。在第一次世界大战进行得如火如荼时，他像一枚雄赳赳、气昂昂的炮弹，奔往了硝烟弥漫的欧洲战场。

那是他第一次站在死亡的边缘上，看到了人民的疾苦、战争的无情。

一战结束后，赖雅又做了一个让人匪夷所思的决定。

他索性不再做任何工作，住进了格林尼治村，当起了一名清闲自在的自由撰稿人。

1917年，赖雅认识了女权主义者吕蓓卡·郝威琪（Rebecca Hourwich），两人不久后步入婚姻殿堂。然而，喜欢浪漫和追求自由的赖雅怎会被婚姻约束住？

他开始不停地来往于欧洲不同的国家，很快，全世界各地都有了他最要好的文学朋友。

他给美国的各大报刊投稿，从诗歌到小说，甚至到烹饪、衣食住行等的小窍门，应有尽有。

他受到那个时代挥金如土风气的影响，花钱大手大脚，不为生计考虑，只为性情使然。

然而，妻子吕蓓卡也是一个不顾家的女人。她有自己的追求，也有远大的理想。年纪很小时，她就曾参加过街头运动，旨在为妇女争取投票权。结婚后，随着赖雅在全世界各地游走，她也开始了自己的追梦生涯。

1926年，这段维持了仅仅九年的婚姻宣告破裂。

原因很简单，他们都是不顾家的人，聚少离多，自然会面临这一天。然而此时的赖雅并未体会到这点，他仍旧沦陷在自己制造的华丽丽的梦中无法自拔。如果没有遇到张爱玲，他或许会“执迷不悟”到老去的那一天。

如果说结婚后有一个家曾牵绊着他，那离婚后，他便再也没有任何顾忌。他依旧热衷于周游列国，偶尔也会给杂志社写文章赚一些维持生计的稿酬。

直到1931年8月，赖雅的命运才发生奇妙的转折。

他遇到了生命中的贵人——导演约翰逊·休斯顿。

从今而后，赖雅开始了他十二年的电影编剧的生涯。他思路宽广，是这个行当的天才。渐渐地，很多电影制片人和导演都邀请赖雅编剧，而他那精彩的台词和跌宕起伏的剧情，也受到了很多观众的追捧。

当时，拿过诺贝尔文学奖的辛克莱·刘易斯曾断言：赖雅会一夜成名。

然而，文坛名宿的预言不见得就是正确无误的。赖雅没有在最美好的年华取得最辉煌的成就，反而变得越来越随意，总是跳槽，也总是出入高档的酒会餐厅。

1927年，赖雅在柏林认识了布莱希特。

布莱希特是伟大的剧作家，但他当时在美国的名气远不及赖雅。为了帮助好朋友打开美国市场，赖雅拼尽心力帮布莱希特在美国宣传。

自此，他们两个人成了莫逆之交。

二十年后，布莱希特功成名就，他的锋芒盖过了赖雅，成了史上最具传奇色彩的剧作家。然而，名气的高涨让他对老朋友多有怠慢。1950年的某天，赖雅满心欢喜地来到欧洲，本打算与布莱希特再次展开合作。可那天布莱希特的态度极其冷漠，让赖雅气愤不已。

后来，他拂袖而去。曾经的友谊，也在重返美国的路上支离破碎。

1943年，狂放不羁的赖雅摔断了腿，又轻度中风。到了1954年，他的身体状况依旧不容乐观，因中风不得不入院治疗。

彼时，曾经的辉煌竟像一个玻璃杯，风一吹落在地上，摔成了一块块玻璃碎片。

他老了，已经走过了人生的一大半。此后的日子里，他虽然还在写，却有很多作品未曾出版。

直到他申请进入麦克道威尔文艺营，直到认识了张爱玲，一个陪伴他走过十一年的东方女子，他才从错愕的时空中缓过神来，紧紧地拥抱着爱情。

张爱玲曾自述说："当童年的狂想褪色的时候，我发现除了天才的梦之外一无所有——剩下的只有天才的乖僻缺点。"

问世间情为何物，不自觉老泪黯然。

如今半个多世纪过去了，她和他的爱情故事依旧被人津津乐道，成了人们茶余饭后的谈资。

她本是年轻模样，却嫁给了年迈肥胖的老头。

世人常谈笑以为：张爱玲在美国窘迫之极，之所以选择投怀送抱赖雅，正是看中了他在美国文坛曾经举足轻重的地位，还有他"价格不菲"的身价。而赖雅，亦有依靠张爱玲维持生计的打算。要怪只怪，两个人都打错了算盘。他早已过气，她未曾成名。

更有学者以为，张爱玲想在迷茫的路上赌一把，她压的赌注是青春，她想赢得在美国扎根茁壮的机会，终成为像林语堂一样的大作家。

也许，在世人眼中，有太多情感都被利益蒙蔽了。

她若真心有做一笔交易的打算，为何在赖雅濒临死亡时，仍旧不弃不离，陪他走完人生的最后十一年？

很显然，赖雅的童心和睿智俘获了张爱玲的心，他是一位精神上的富翁，给张爱玲带去了温暖和安全。她亦不是一名薄情的女子，但凡她爱上一个男人，若不被辜负，必然会追随那人一路到底，至死不渝。

张爱玲曾在给朱西宁写的信中这样说到赖雅：

> “Ferdinand Reyher 不是画家，是文人，也有人认为他好。譬如美国出版《秧歌》的那家公司，给我预支一千元版税，同一时期给他一部未完的小说预付三千。我不看他写的东西，他总是说：‘I am good company。’因为Joyce等我也不看。他是粗线条的人，爱交朋友，不像我，但是我们很接近，一句还没说完，已经觉得多余。以后有空找到照片会寄给你。”（节选自清秋子：《爱恨倾城小团圆》）

张爱玲说，他们之间已经到了“一句话没说完，已经觉得多余”的地步。

到底是怎样的认同感和归属感让他们这样相守，以至于在眉眼相对间就已经洞悉了彼此的意思?

如果说跨越近三十岁的年龄障碍已属不易，那么走到相知相许的一步更是艰难。但再难他们也坚持了下来，而且一晃又是十几个春秋。

张爱玲将一生奉献给了她所挚爱的小说，曾经出现在她笔下的人物，多多少少都有她生活中的影子。

冬天，北风呼啸，大雪漫飘。

她和赖雅靠在一个小小的火盆旁，朱红色的火光映在她的脸上，就像涂了一层红粉，又像羞赧的红脸颊。

多年后，张爱玲曾在她的小说《留情》中写过这段过往：“小小的一个火盆，雪白的灰里窝着红炭。炭起初是树木，而后死了，现在，身子里通过红隐隐的火，又活过来，然而，活着就快成了灰。它第一个生命是青绿色的，第二个是暗红色的。”

如果说树的生命有两次，死后化作炭，炭燃烧后化作灰，那她的生命不也是这样吗?

她在中国的那段时光里，岁月如歌，青春无限。那时的张爱玲就像茁壮生长的小树，没有一丝一毫对未来的担惊受怕。而她如今来到美国，一切不尽如人意，就像树木死后幻化成的炭，剧烈燃烧，发出最微弱、最红艳的光芒。可等潜力耗尽，就只剩下一抔炭灰，再也没有任何价值。她害怕就这样死去，如果不留给后人一定的精神财富，她一辈子竟是白活。

5月14日，赖雅在麦克道威尔文艺营留宿的最后时光就要到来。

她早知道这天会来临，却仍旧万般不舍，像是被人挖去了一块肉。好在赖雅获准了去纽约州北部的耶多文艺营寄宿的机会，张爱玲不必为他的生活担忧。

此后的三天里，两个人像往常一样靠在火炉边。然而这次，他们没有了往日的欢乐，取而代之的是离别的感伤。

漆黑的屋子里，火盆中发出“嘎巴嘎巴”的响声。她不说话，只是瞪着红红的火光发怔。赖雅看向她的眼睛，黝黑深邃的眸子中挤出泪滴，在火光的映照下成了红色。

蓦然间，他想起了张爱玲写的小说《粉泪》。那是一个纯中国人的故事，也许他并不能完全吸收。但想到有的眼泪会夹杂着鲜血涌上来，由无色变成红色，那必然是心疼和不舍所促成的。其实在古代中国，也有一种眼泪叫“红泪”。

清辉如雪，洒了一地。

他们相互依偎着，回忆着几个月来的点点滴滴。

往事，好像一抔花瓣撒来，而后落进了东去的小河中。

风轻轻地吹，水缓缓地流。

这世上，还有什么事会比此刻的拥有更珍贵呢？

1956年5月12日，张爱玲再次把自己完整地奉献给赖雅。她想轰轰烈烈地爱，不想蹑手蹑脚、畏首畏尾。她不在乎别人的眼光里到底是睥睨还是不屑，她只想拥有一个怀抱，一个一辈子都不会变冷的怀抱。

那晚是他们的洞房花烛夜，就像窗外的白雪，纯洁又神圣。也像洒在雪花上的月华，发出皎皎冷色，送给大地一片光芒。

第三天清晨，一抹鱼肚的斑白在天际若隐若现。

她很早很早就起了床，坐在镜子前化了浓妆又擦掉，贴了花黄又取下。一颗忐忑的心在举手投足间被放大，她从未感到绝望，而那一刻却特别地强烈。

张爱玲从麦克道威尔文艺营送赖雅出来，一直追随到火车站站台。她穿了一件紫色滚黑边的织锦外衣，配上艳丽的装扮，竟比以前更多了几分美艳动人。

行人如流水般穿过两个人的身畔，她痴痴地看向赖雅，将自己在美国的处境尽数告诉他。张爱玲还把代理人、出版商和书的销路问题也做了简短而细致的描述，她希望赖雅知道，离开他以后，她的生活将更加艰难，因为一个曾为她遮风挡雨的精神支柱就这样突然抽离，她竟无法坚强起来了。

张爱玲也告诉赖雅，她如今的生活很困难，身上没有多少钱，尤其是近段时间来书籍都压着没能出版，也没得到版税。

尽管她手头拮据，买一件像样的衣服都是奢侈，但她知道赖雅更穷，比她更需要钱。况且路途遥远，若路上遇到别的事情，钱总是能解决问题的。

在火车就要检票前，张爱玲将身上所有的现金都交给了赖雅。这是她昨天晚上准备好的，她害怕赖雅不要，所以直到现在才拿出来。

早年，他曾挥金如土，从不知道没钱的滋味。而今，当看到前途莫测的张爱玲竟如此体谅自己，眼眶不由得红润起来。

他很感动，也很心疼。

他不知道以后她瘦弱的肩膀将如何扛起自己的生计，也不知道如今的离别又会等多少个日夜才能重逢。

一切都是未知，他倏然落泪。

赖雅到了耶多后，思念更甚，几乎每天都给张爱玲写信。

而她，于沧海中沉浮的心也有了着落。

她不再漫无目的地飘摇，她想靠岸，想有一个家。

7月5日，赖雅收到了张爱玲的一封信。

没想到他还没有看完信，整个人就激动得跳了起来。他几乎想告诉全世界的人，他是这个世界上最幸福，也最快乐的老头。

原来，张爱玲怀孕了，孩子是他的！

不过，冷静下来后，赖雅又陷入了一阵愁苦之中。

三十年前，他曾因一颗放荡不羁的心无法收回而离了婚，那时他有了第一个孩子。一路走来，他不知道遇到了多少女人，也不知道说过多少情话。他从未想过，若一个习惯了大海的人突然靠岸会是怎样。或许，对于一个冒险家来说，那是致命的抉择。

他说自己过去是“闯了祸就跑了”的人，他从不愿对任何一个女人负责，也总觉得负责将会给他的人生带来累赘。

而今，他跑不动了，心也疲了。

终于，他在一个人的小屋中来回踱了数百步，随即做了决定：他要娶张爱玲，要给她一个温暖又舒适的家。

当天，他兴奋地写了一封求婚信，也顾不得外面大雨倾盆，撑着一把伞，怀中夹着信急匆匆地跑到邮局。直到看见信顺利地投递了出去，他才舒心地从邮局走出来。

一次牵手，一生白头

第二天，张爱玲给他打来一个电话。当时信还没有邮到，她还不知道赖雅会求婚。在隆隆的杂音吵扰下，她没有说太多，只是很坚定地抬高嗓门：她要来，见面详谈！

那晚，赖雅一宿未合上眼睛。他幻想着张爱玲的一颦一笑，幻想着来之不易的久别重逢。

又一天，天微亮。

赖雅提前来到了车站，没想到张爱玲竟把时间弄错了，他提前到了好几个小时。在极度惶恐和不安中，他在火车站内焦灼地徘徊，生怕她路上出什么事情。

终于，他们在人海中相见了。

他的“新娘”身穿一件明黄色的呢子大衣，乌黑的秀发在人潮中越发亮丽，恍若九天而下的玄女。

倏然间，赖雅热泪盈眶。

他知道，这样的装束一定是她精心装扮过的。若不是为了见他，何需到理发店梳理头发？况且，这样的发式在理发店收费很高，她当时囊中羞涩，肯如此精心雕刻，应是何等地重视啊！

彼时，她的爱像一道金光，毫无保留地洒在了他的身上。

火车站口，他们相拥，盈泪。

太多情话无从说起，因为一个拥抱足以说明了一切。

赖雅从旅馆出来时曾告诉旅馆老板娘，说要去火车站接一个东方新娘。没想到张爱玲刚抵达旅馆，就看到两个老太太迎面走来。她们笑容祥和，仿佛比赖雅本人还要高兴。

千里迢迢而来，能被人这样重视。张爱玲突然很感动，心窝袭上一股暖流。

当天傍晚，赖雅带她去了一家极富情调的餐厅。他特意买了一枚戒指，虽然并非昂贵的金银首饰，但却代表了他对她独一无二的爱。

在摇曳的烛光下，他应声单膝跪地，向她再次求婚。

他告诉她，他不想要这个孩子，因为一切还未安定，况且她年纪已大，生孩子亦有风险。

张爱玲也很坚决地告诉他，从未想过生个孩子。

她知道，若以后有了牵挂，一颗在文学上准备突围的心，就无法再收回。

风尘中，百花争艳。

她成了最特别的一个女子，别人无法用常人的眼光看她，而她也不愿归于庸俗。

翌日，他们坐在花园的长椅上，任冷风拂过两张兴奋异常的脸颊。

他们除了谈及婚姻以外，也对今后的创作有了大体的规划。张爱玲黝黑的眸子里闪过精光，很亢奋地说，她正准备写两部中国古代题材的故事，一篇叫《僵尸车夫》，另一篇叫《孝桥》。

赖雅看着她那双闪烁光芒的眼睛，不禁欣慰地笑了笑。他知道，这辈子文学注定要随她一生，而他也愿意为她保驾护航。

匆匆一晤，再次分别。

至少已经确定了婚姻大事，两个人再没有任何顾虑。

临走前，张爱玲硬塞给赖雅三百美元。她知道，以赖雅强大的自尊心，断然不会接受。所以，她半开玩笑地说，作为这次她来镇上的花费。

多么通情达理的女人，赖雅怎能不知她的心意？然而那天，他不过只花了十美元，张爱玲却给了他三百美元，可想而知，她有多爱他！

张爱玲回到纽约后，未过多久，赖雅便来看她。

如今她已经怀孕四个月了，肚子明显大了起来。无奈之下，她找了一个愿意“非法行医”的男医生。在双方斡旋之下，男医生提出了两个要求：第一，要支付四百美元。第二，赖雅不能在场。

当时她快四十了，早已经不起折腾。她原本担心手术的风险性，男医生居然没有丝毫犹豫，也肯做。

原来，钱，在某些人眼中，总是一个好东西！

医生出了公寓后，赖雅拿着斧头走进来。刚才他在门口看到了这把劈柴的斧子，正好可以用来杀人。他咬牙切齿地说：“不要怕，若那个狗娘养的害你出了什么事，我就杀了他！”

疼！

如同千万把刀子在肚子里来回搅动。

她来不及掉泪，也来不及呻吟，整张脸一抹煞白。

男医生用的打胎药是古老的“药线”，直到他走后好几个小时才发作。从黄昏挨到深夜，他紧紧攥着她的手，愁眉不展地望着她那张被痛苦缠绕的焦黄的脸。

仍旧不需要说话，她的痛他懂。如若可以分担，他会毫不犹豫地抢在最前面。因为一个人承担太痛苦了，他不愿看着最爱的女人抹泪。

深夜，胎儿在一片血海中钻出来。

张爱玲曾在《小团圆》中写道：“女人总是要把命拼上去的。”

幸好，她无事。然而胎儿却被鲜血包裹着，好像一个偌大的肉球，她闭着眼把“血胎儿”扔到了浴室的马桶里。最后，她还是看到了，那是一个男胎，身长足有25厘米。

在极度恐慌之下，她扳动了旋钮，伴随着一阵阵“哗哗”的水声，胎儿消失在暗黑色的洞里。多年后，张爱玲曾这样说道：“以为冲不下去，竟在波涛汹涌中消失了。”

消失了，那么快，又那么急！

她亲手杀了她的孩子，一个五个月后即将出生，一个活蹦乱跳的生命。

后来遇到炎樱，她曾说起这段过往。炎樱却不以为然地说，肯定是她小说写多了，进而出现了幻觉，还说她平白无故被骗去四百美元。

幻觉也好，被骗也罢。

然而，她和赖雅的孩子，终究随着一阵水声死去了。这一点，她无比坚信。

长期的奔波和不安定让张爱玲无法收心，那段时间里她的产量很少。但量少不代表没有收获，她于这年秋天得知了一个令人兴奋的消息。

原来，她的英文短篇小说《Stale Mates》在美国的一个双周刊上发表了。另外，台北《文学杂志》的主编夏济安也向她抛出橄榄枝。张爱玲立刻将这部英文短篇小说翻译成中文寄过去，并于1957年1月上刊。这部作品，就是后来的《五四遗事》。

古人说，厚积而薄发。

张爱玲凭借一腔热血，以及对小说的无限热忱，终登上了中年之后的创作高峰。这本小说她酝酿了很久，小说立意也不落窠臼，仔细想来，也算实至名归了。

不过，这部作品因为延续了她后期本土创作的“枯瘦”风格，所以并未引起大众读者的好评，只是在评论家和人文知识分子之间流传成了一部经典。

1956年8月14日，赖雅和张爱玲举行了简约又浪漫的结婚典礼。

美国法律有规定，结婚必须请到两个证婚人。为此，张爱玲请来了炎樱，赖雅请的是玛莉·勒德尔。

遥想当年，张爱玲第一次结婚，炎樱就是她的伴娘。而今一晃十几年过去了，她仍旧做她的伴娘。她多么希望这是张爱玲的最后一次婚姻，也希望一辈子的友谊如现在一样，散发着浓浓的雅香。

在一片欢乐的氛围中，炎樱仿佛看到了对张爱玲许下一世情话的胡兰成。

当初，他们三个人多么快乐，在旧时光里成了最刻骨铭心的剪影。当张爱玲致信与他正式离异时，炎樱还曾收到胡兰成写的求助信：

> “爱玲是美貌佳人红灯坐，而你如映在她窗纸上的梅花，我今唯托梅花以陈辞。佛经里有阿修罗，采集天下花，于海酿酒不成，我有时亦如此惊怅自失。又《聊斋》里的香玉泫然曰，妾昔花之神，故凝；今是花之魂，故虚。君日以一杯水溉其根株，妾当得活，明年此时报君恩。年来我变得不像往常，亦唯冀爱玲日以一杯溉其根株耳，然又如何可言耶？”

炎樱根本看不懂信，半文半白的文章她最头疼了。当她把这封信交给张爱玲时，她却淡然地笑了笑："别理他。"从今而后，胡兰成彻底消失在张爱玲的世界里，炎樱也不再提及。这个让她牵挂了十几年的男人，终究随着流光的潮汐渐渐变淡。

而今，她有了赖雅，也有了一生要惦念的人。

那些过往她或许都不记得了，即便记得也不曾刻意回想。

只有炎樱，在她结婚时还想着念着，她多希望张爱玲能幸福，多希望这次的牵手就是一辈子的白头。

婚礼举行得很成功。

天空漂浮着淡淡的白云，一辆辆汽车疾驰而过，喇叭声仿佛在为他们奏响新婚协奏曲。

蓦然，白色的裙摆圣洁如雪，她蹁跹走来，将纤纤玉手交到他的手中。

在教父的询问下，她毫不犹豫地说："我愿意！"

他亦然。

那天的婚礼是张爱玲一辈子的记忆，虽然参加的嘉宾不多，但都是她最好的朋友。婚后，两个人执手将纽约逛了一遍，当作一生一次的"蜜月旅行"。

其实，有他在身边，比任何东西都来得珍贵。

张爱玲远在伦敦的母亲听说了这个消息，即刻给赖雅寄来二百八十美元。黄逸梵心里很清楚，只要女儿开心，她便无所牵挂。

爱情，本就是两厢情愿。

一个人一辈子，不可能跟着世人的癖好而爱上一个人。不论是谁，都有突破窠臼的时候，也终要摆脱几百年甚至几千年来的桎梏。

张爱玲在美国的出版代理人莫瑞·罗德尔既兴奋又感伤地说：“这下子爱玲可衣食无忧了，但是，我们的女儿还没嫁出去，却无端招来了一个穷鬼女婿。”

是啊，赖雅就是一个穷鬼。

他年纪很大了，即将没入黄土，况且至今仍旧没有事业，不少生活费用全需张爱玲接济。然而，爱情之于他们，亦像脱离尘世的鸿鹄。钱财，不过是吃进来又吐出去的东西，一辈子，生不带来死不带去。

也许，当局者清旁观者迷，对他们不理解的也大有人在。

夏志清先生对张爱玲的晚年无比痛心，他将罪魁祸首归结到赖雅身上：

> “赖雅同张邂逅期间，他曾中风多次，两年前还住了医院之事在婚前告知爱玲。假如他把此事瞒了，我认为是非常不道德的。再者，张于婚前即怀了孕了，赖雅坚决要她堕胎，我认为他不仅不够温柔体贴，且有些残忍霸道，同她的父亲一样损害了她的健康。”（节选自清秋子：《爱恨倾城小团圆》）

张爱玲所追求的爱情是凌驾于功名利禄之上的，她圣洁得如同一抔雪花，不会夹杂世上任何的污秽。至于爱上赖雅，她仿佛找到了生命中的航线，从今往后，可一步一个脚印地走下去。

赖雅于她，更像是父亲对女儿的呵护。

他坚决让她堕胎，只是为了对她负责。他不想让两人在物质最匮乏的时候有了孩子，到时不是欣喜，而成了双方的累赘。

他坚决娶她，更是想给她一个家，给她能够长期留在美国的绿卡。

张爱玲多次告诉赖雅，她厌倦了漂泊，一辈子那么短，她想好好珍惜来过的每一段光阴。一个人那么孤独，她真心累了。

这次与赖雅的结合，她早已打定了相濡以沫。

这一年，赖雅已六十五岁，张爱玲仅三十六岁。

皓月，在孤寂的夜空中发出冷冷的光晕。

一切，来于浩瀚，归于安逸。

10月这天，他们乘着火车驶往麦克道威尔。她像小女孩一般倚在他的怀里，侧过身，看向窗外皎洁冷寂的月华。

她多渴望，一直平平淡淡地走下去。

然而，他们还没能完成徜徉田园之乐的梦时，赖雅却意外地中了风。这一次，远比以往的病情更严重。他的脸部完全麻痹，整个人不停地哆嗦，就像受了惊吓无处藏身。12月19日，他的病情开始恶化，张爱玲不得不送他住院。

从此，她每天都守护在赖雅的病榻前。

借着医院昏沉的灯光，她仿佛看到了一双求生的眼睛。她知道他不想死，因为他们才刚刚结婚，未来的路还很长。

很小的时候，张爱玲就读于圣玛利亚女校。那时她被迫训练每天早晚祷告，从此祷告成了她最不喜欢做的事情，也成了她每天必然逃避的功课。

而今，看着卧病在床的赖雅，她那颗柔软的心突然被刺疼。她从未如此虔诚地祈祷一件事，也从未相信世上会有神灵。

可除了相信，她还能做什么？

她闭上眼睛，任思绪飞往更高更远的地方。曾经，那透过斑驳的树叶投射下黄金般梦的地方，而今她再也回不去了。倏然，她仿佛听到校园里的钟声，仿佛看到一片绿荫下站着的四五个修女。她们虔诚地双手合十，闭目凝神，向着阳光的方向祈祷。

她正学着她们的样子，默默地在心里流下一滴滴泪水。家远路遥，梦醉情痴。她心里常想：若世上真有神仙，那该多好！

赖雅出院那天正值圣诞节。彼时，白雪如花瓣般散落一地，铺成了一条冗长的小径。

她小心翼翼地搀扶着他，迈出圣诞节的第一个脚印。她说，雪花是纯洁的。在中国，但凡冬天大病初愈的人都要于第二天的第一场雪中留下脚印，而且脚印留得越早，病痛去得就越快。赖雅相信了她，竟像个孩子一样在雪堆里来回踱步。他想早点康复，想和她一起谱写未来的浪漫。

圣诞节的当天夜里，张爱玲出去买了一大堆过节用的东西。赖雅从病床上挣扎着起来，非要帮她做点事情。

他们在自己的家中点满了蜡烛，没有开灯，就像营造一个关于烛光的梦。

张爱玲一个人在厨房里忙碌了很久，终于做出了一桌丰盛的晚餐。彼时，香气如同清风扑面而来，慢慢传进赖雅的鼻子里。

他从未吃过中餐，只是听她在闲聊中提过。而今，他突然感觉很幸福，因为有一个女人肯为他做饭，肯放下高傲的架子，肯将自己剩余的五十年换他步履蹒跚的二十年。

这一份情，他无论怎样都报答不了。

张爱玲的真诚打动了赖雅，也打动了铁石心肠的苍天。数日后，病魔知难而退，赖雅的身体也逐渐康复起来。

在外国，圣诞节是空前盛大的，而新年却从不被人重视。

1957年是猴年，刚好是张爱玲的本命年。若是在家乡，她一定会穿着红色的长袄，一个人在冰天雪地里漫舞。

可是今日她却跳不起来，甚至连一件红色的长袄都没有。

赖雅不知她的心思，他正在策划一场远行，因为频繁的中风让他已知去日无多。他想在活着的时候去看看那些老朋友，哪怕只是见上一面，聊聊这些年来的大事小事，也完成了心中的夙愿。

1957年1月20日，在张爱玲的陪同下，他来到了波士顿。多年未见，他很想念自己的兄弟爱恩斯托。没想到两人刚见面，就陷入了长聊中，直至下午时分才依依不舍地分别。

下午，她搀扶着赖雅去了波士顿最大的百货公司，买了平时要用的生活用品，也漫无目的地闲逛了一会。在琳琅满目的商品面前，她就像一只活蹦乱跳的小鸟，仿佛认识所有的物品。

赖雅失落地垂下眸子，他在为自己年老色衰，囊中羞涩，无力为她买件像样的礼物而黯然神伤。她似乎看出了赖雅的心思，话锋一转，温柔地告诉他，曾经在上海时，她总会一个人于寂静的夜里走出来，望着关了店门的玻璃橱柜发呆。她不是想拥有橱柜里的东西，而是喜欢欣赏一种近在咫尺而又得不到的美。

赖雅懂得，她把心疼当成了浪漫，不愿让他自责堕落。

然而，赖雅常想：给不了她幸福，终究是一份遗憾。

3月里，两人一起去了纽约，看望了深居简出的炎樱。在炎樱的陪同下，他们还在纽约最大的商场买了一双约翰·华德出品的皮鞋，一副意大利产的真皮手套。那双散发着绅士气息的皮鞋送给了赖雅，而透露着时尚与妖娆的手套则送给了张爱玲。那天她无比开心，因为这是她结婚以来收到的唯一一件奢侈品，想好好珍藏。

一周后，张爱玲怀着无比忐忑的心找到了戴尔公司，她想问一下书稿的出版事宜。然而，公司的负责人却告诉她，书稿正在审核中，至于出不出版尚未定夺，两周后才能告知她结果。

听到这个消息后，原本有点激动的她突然变得很落寞。赖雅为了让她开心起来，带着她去了一家自助饮食店。两人在举杯谈笑间，度过了一个浪漫的晚上。

回来时，毛毛细雨飘然而下。赖雅抱紧她，撑着一把伞，走在清凉舒适的街道上。

那时，她心里的委屈仿佛被这场雨洗得干干净净，因为有个肩膀无比宽大，将她牢牢锁在怀里，再冷再刺骨的寒风也进不来一分。

第二天，张爱玲和赖雅去拜见了玛莉·勒德尔。张爱玲是在女子宿舍认识玛莉·勒德尔的，如今她去了哥伦比亚广播公司上班。但两人去的那天，她并不在办公室。哥伦比亚广播公司有关负责人得知了张爱玲的来意，即刻与她签订了一份有关《秧歌》改编成电视剧剧本的合同。

签完名字，落下笔。

她无比欢欣地看向赖雅，真想当众吻他。因为这次签的是电视剧剧本，应该会有一笔丰厚的稿酬，如此一来，他们日后的生活就衣食无忧了。

没过几天，勒德尔带给了她一个无比振奋的消息，原来哥伦比亚广播公司要支付她一千三百五十美元稿酬，另外再支付九十美元的小说改编权费用。

第二章

执子之手：你的天涯，我的海角

你是我的唯一，我们相依为命

转眼4月将至，他们在麦克道威尔的日子也接近了尾声。张爱玲经过多次努力，也未曾找到能容留他们的新的文艺营。无奈之下，他们寻访了四周所有的出租房屋，终于找到了彼得堡松树街25号的一间带家具出租的公寓。房租略贵，月付六十一美元，电费另付。此外，家具不多，手指头都能数得过来。

4月3日，两人简单地收拾好行李，搬进了公寓。

这所公寓坐落在一条狭窄的小道上，小道旁绿荫萦绕，清爽舒适。他们住在三层，有一个能眺望楼下的玻璃窗。每当清晨阳光漫洒，她都会搬一个安乐椅到玻璃窗前，煮一杯意大利咖啡，安静地看向初升的太阳，看向那一片红霞云集的地方。

刚搬进公寓的那段时间里，他们一直在为添置新家具、购买生活用品犯愁。因为房租和水电的费用就带给他们不小的压力，所以接下来的购置更让他们犯难。为了缓解家中的生计危机，赖雅常常去附近住户自己摆的小摊上挑选生活用品。

他是一个粗线条的男人，曾经只会大手大脚地花钱，若让他安下心来，一分一毛地计划着过日子，还真有点困难。

不过，即便再困难他也要扛下来，因为他是整个家的顶梁柱，也是张爱玲唯一挚爱并为之付出全部的男人。

每天清晨，当她一边梳理短发，一边从卧室出来的时候，赖雅则早早地提着合适的面包烘炉、三夹板的桌子和木制小床等笑着走进来。

她发现赖雅很快乐，就好像淘到宝贝一样对着她傻笑。

而她，也在为赖雅的巨大变化而开心。

没过几天，张爱玲也常常随着赖雅去“跳蚤市场”淘宝。在他们公寓楼下，一条冗长的小道上摆满了地摊。不论是生活用品，还是吃的用的，一应俱全。

她像一只被放飞的风筝，自由自在地穿梭在大大小小的摊位前。她有时会货比三家；有时会立即付钱，拿下想要的用品；也有时常常拿着喜欢的物品犹豫很久，随后不舍地放下。

摊位上经常放着清仓大甩卖、便宜处理等吸引顾客的广告牌，张爱玲总是大眼一瞄上面的价格，再定夺要不要走上去看看。除了他们这对新入住的夫妻来此购买生活用品以外，一些正准备结婚的平民夫妇也会选择来这里买家具和生活用品。

彼时，热闹、祥和。

无论是清晨旭日东升，还是傍晚夕阳如血，她有时间总会来逛逛。虽然寻不到上海的柳巷霓虹，但至少有那么一丁点的似曾相识，对于她来说，也是一种心灵的宽慰。

有一次，她在摊位上发现了四件绒线衫和一件浴袍。她拿起来放在阳光下观望，竟未发现一丁点损坏的地方。老板告诉她，这五件一共3元7毛5分钱。她没有丝毫犹豫，付钱后，兴高采烈地抱着“新衣服”回了家。

赖雅微笑着摇摇头，背着阳光看她俏皮的模样，也是一种快乐。

当家中的物品都置办得差不多时，张爱玲又当起了油漆工。他们买了油漆和工具，准备亲手给自己的房间搞设计。

她喜欢蓝色，就像当年坐上轮渡眺望大海一样。那是生命的颜色，是一抹水天相接却分不出天和水的颜色。

赖雅喜欢着她喜欢的，因为整个家，都是为了她而存在的。

他们住的是旧公寓，尽管在三楼，依然有不少蚂蚁光顾他们的住所。张爱玲最怕蚂蚁了，所以很早前就买了杀虫剂。每当她看到成群结队的蚂蚁时，都会如临大敌般杀个精光。

赖雅看着她身穿自己的旧睡袍，用毛巾将头发包起来，手中还拿着杀虫剂，一派女侠的模样，不禁暗自偷笑，送给她一个响亮的雅号——“杀蚁刺客”。

小镇的早上犹如一幅版画，阳光洒出迷离的金线，笼罩着正在沉睡的大地。

张爱玲和赖雅的生活很有规律，他们像一对步入正轨的夫妻，每天都有忙不完的事情，每天也都能看见彼此。

她喜欢晚睡晚起，因为晚上能带给她灵感。每当她坐在玻璃窗前的椅子上，望向灯火通明的夜空，总会被一袭月华所吸引，进而奋笔疾书，编写一幕幕似她非她的故事。

赖雅则喜欢早睡早起，他每天都要操持家务，大部分时间都花在购买生活用品、去银行、去邮局等琐事上了。

在小镇居住的这段时间里，张爱玲特别喜欢喝意大利咖啡。赖雅知道她有这个习惯，所以宁可花上一晌午的时间为她精心碾磨咖啡，随后小心翼翼地熬煮。他用心爱着她的习惯，也用心一步步地走进她的生活。

而今，他们谁都离不开谁，谁都成了谁的唯一。

时光的老去，让赖雅的身体每况愈下。他患上了背疼，每到晚上就会疼得厉害。张爱玲常常彻夜帮他按摩，为他放松紧绷的背部肌肉。直到看着他缓缓地闭上眼睛，发出沉沉的打鼾声，她才安稳地入眠。

那时，赖雅又重拾了写日记的习惯。他把每天和她在一起的点点滴滴都写下来，甚至将早晨吃了什么、晚上喝了什么都毫不避讳地记录下来。也许他害怕哪天走了，只剩下孤零零的爱妻。到那时，任何记忆都被埋没在风中，挥散而去，何其难过？

如今，他唯一能做的，就是记住现在。

她和他都是编剧，他们都挚爱着活跃在荧幕之上的故事。

小镇上有一家电影院，虽然不大，但音响设备俱全。每当有新的电影上映时，他们总是最先买好票，而后手牵着手坐在买好的座位上。音乐响起，电影幕布拉开，沉淀着梦与现实的故事，竟然成了一帧帧画面。

那终究是别人的故事，生动活泼，光怪陆离。

然而，她喜欢驰骋在造梦的世界里，因为现实的无奈和压力总会让人疲惫。所以，她需要释放，也需要一次飞跃。

回家的路上，清辉如潮水般起伏飘动。

她在右走得温柔婉约，他在左不停地手舞足蹈。张爱玲喜欢听赖雅讲那些美丽的故事，有时是刚刚看完电影之后的故事续接，有时是他即兴而编的故事。总之，此后她的电影剧本创造，从赖雅身上汲取了不少营养。

4月15日，哥伦比亚广播公司改编的电视剧《秧歌》上映了。张爱玲和赖雅去了一个朋友家中观看，当天还来了不少文艺营的朋友。那天，大家沉寂在一片欢声笑语中，却只剩她黯然神伤。

原来，这部剧被改编得一塌糊涂。两国之间的文化差距，也注定让他们无法理解中国人的世界。赖雅看过《秧歌》原著，站在美国人的价值观上，他揣摩不到张爱玲的忧郁。但他很清楚，一个作家的作品被改编得似是而非，绝对是对艺术的糟蹋。

因此，他理解她的伤心，也理解她的缄默。

也许，这就是两人艺术上的惺惺相惜吧。

5月，一个不好的消息传来。她用了半年的时间，在颠沛流离中铸就的英文小说《粉泪》未能出版。司克卜利纳公司特意通知她，公司没有出版这本小说的打算。

所有的希望，曾经的光芒，突然被一阵犹如海啸般的打击吞噬。她原本想依靠《粉泪》打开美国市场，原本想换来一笔稿酬贴补家用。而今，希望不再是希望，梦想也不再是梦想。

她止不住地流泪，打湿了放在书桌上的稿件。郁闷的情绪促使她一蹶不振，此后的一段时间里，她常常窝在床上沉睡。渐渐地，张爱玲垮了，连续几天抱病在床。

她的梦啊，轻盈得像飞入天空的蒲公英，盘旋着寻找栖息点。然而，天大地大，她却没有任何能容身的地方。

她渺小得连同自己都不认识了，更何况让别人认识?

几周后，她形容枯槁，面色焦黄，整个人像被关在了监狱中，茶饭不思，深夜不眠。

赖雅帮不上她半分，只能讲很多笑话，劝很多真言。

然而，他假笑，她流泪。

那段时光里，她破碎的心恍如一面摔碎的镜子，再也没有办法拼凑在一起了。

6月，当她收到司克卜利纳公司支付的《秧歌》三百美元的版税以后，原本血流不止的伤口才渐渐愈合。赖雅的不离不弃，让绝望中的张爱玲寻觅到了一丝安逸。她决定振作起来，执笔新作《上海游闲人》（The Shanghai Loafer）。

然而，这本书她在动笔之前就没有信心，写成后更无人给她出版。经过缜密的考虑，她决定先搁浅小说的创作，看看能不能写几部电影剧本赚点稿酬。

没想到，当她与远在香港的宋淇取得联系后，果然争取到了一份剧本稿件。宋淇回应她，这个剧本要在8月15号之前完稿，通过审核后即付稿酬。

幸好，电影的梦没有破碎。

就这样，她肩上扛着梦想和生计的重担，于8月6号之前写完了剧本，并邮寄给了宋淇。这个剧本就是《情场如战场》，也是她为电懋创作的第一部剧本。

1956年11月，《国际电影》（国际电懋的官方画报）上刊登了一条有关《情场如战场》的电影预先海报："著名女作家张爱玲，以写《传奇》、《倾城之恋》等小说名驰文坛……她的写作才能是多方面的，所写的舞台及电影剧本，另有她的独特风格。去年国际公司成立剧本编审委员会，她被邀担任编审委员之一。”

就在此时，海报笔锋突然一转，又写道：“林黛的演技，她是非常欣赏的，本来她预定专程给写一剧本，恰巧美国某出版公司聘她担任编辑，立即要她赴美就任，于是编剧的事，因她突然离港而耽搁了下来。直至前月，张爱玲自美国寄给国际公司一个剧本，她说是在百忙中写好的，并且一再叮嘱，这个戏无论如何要由林黛主演，因为女主角的个性与外表，她是以林黛为对象来创作的……岳枫接受这个任务后，常约林黛共同研读剧本，他们觉得张爱玲的故事剧本、人物创造，果然不同凡响……”

很显然，《国际电影》为了捧林黛，刻意将张爱玲对她的欣赏抬得很高。然而，当时的张爱玲仍在美国过着举家食粥的日子，怎可能如他们所说，百忙之中不得闲呢？

况且，林黛与张爱玲或许没见过面，即便见过也是电影之后的事情了，又怎么谈得上喜欢与欣赏呢？

在电影细节上，《国际电影》明显没有尊重张爱玲的原著。他们对剧本做了一定的修改，将剧中能立体化地反映人物的戏份删除了。后来，不少业内评论家说，整部电影人物塑造欠佳，性格、对白、细节上处理粗糙，与之前张爱玲的作品相差颇大。

然而，拿张爱玲写的原稿与电影相比较后不难看出，导演的肆意篡改，注定毁了这部叫好又叫座的银屏巨作。

《情场如战场》于1957年5月29日上映，创下了香港国语片的一个神话，取得了当时最高的票房纪录，并荣获了当年的“金鼎奖”。

这部戏的导演是岳枫，他曾出演过张爱玲的话剧《倾城之恋》女主角罗兰的丈夫。之后，岳枫执导了张爱玲为电懋写的三部剧，然而随着历史的更迭，仅存了《情场如战场》这一部。

透过历史的尘埃，在时光的罅隙中，这部电影日渐晶莹闪烁。尽管它是张爱玲的第一部香港电影作品，也曾被导演改过剧本，但它仍具有划时代的辉煌意义。正因为它的奠基，越来越多的人才知道了张爱玲，知道了她的作品。

从此，张氏电影如雨后春笋般崛地而起，自《情场如战场》以后，她陆续为电懋写了好几个剧本，譬如《人财两得》（1958年）、《六月新娘》（1960年）、《桃花运》（1959年）、《南北一家亲》（1962年）、《小儿女》（1963年）、《一曲难忘》（1964年）、《南北喜相逢》（1964年）等。

那段时间里，电影稿酬成了她生计的主要来源。宋淇也很照顾张爱玲，她知道张爱玲在美国的处境，所以为张爱玲争取到每部电影800到1000美元的报酬。这在香港编剧界是令人咋舌的收入，很多一流的香港编剧也不过这个价格。

在美国的岁月里，时间静得好像开了花。她还看不到含苞绽放，却闻到了淡淡的花香，听到了阵阵风吟。

也许，有种梦来得很轻，悄悄地，就像四周的微风，漫卷过青草，拥抱着花香。

张爱玲逐渐被美国文化和好莱坞文化所感染。她很多电影剧本的灵感都来自于好莱坞，也来自于赖雅。

在中西文化发生巨大冲突的时候，她没想过争个你死我活，反而化西为中，合理用之。因此，张爱玲是聪明的，她没有沦为文化之争的牺牲品，却以高瞻远瞩的姿态俯瞰茫茫大地，信手拈来铸就辉煌。

小镇的生活枯燥无味，也沉闷异常。虽然每天都能看到旭日东升，也能望到夕阳下沉，但她那颗炽热的心从未冷却过。如今，她急需寻觅到一点一滴的温暖，也急需有一汪清泉灌溉心中那片干涸的土地。

自从上次去了波士顿，她逐渐爱上了这座城市。后来有了时间，她总是吵着嚷着要去波士顿看看。不论去哪里，赖雅都陪着她，他希望默默地跟着，因为说好了不弃不离，就不能言而无信。

每次到了波士顿，她总喜欢下榻一家古旧的酒店，因为藏匿在流光背后的故事，往往能勾起人们无限的遐想。波士顿市中心有一家“派克旅馆”，那是张爱玲和赖雅经常去的地方。

旅馆设计得很古老，她走近看时，总会被眼花缭乱的手工艺品所吸引。蓦然，那一片沉寂在夕阳下的梦，恍如被红光镀上了记忆。她经常微仰起头，看着墙壁上悬挂的长长的织锦发呆，而后渐渐闭上眼缓缓地走过去，任织锦末端的流苏拂过淡妆轻画的脸颊。

她觉得那柔软的流苏是中国女人垂下来的秀发，又长又直，既温暖又舒适。

赖雅不会想到，此刻她正怀念着自己的祖国，总想着哪天要回去，看看那些断了联系的朋友，重走一遍儿时走过的路。

上海——注定是她一辈子忘不了的地方。

她的故事、她的爱情、她的朋友、她的记忆，都被这个地方所占据，即便如今漂泊他乡，只要想起上海的往事，她都会不由自主地热泪盈眶。

掉在时光里的记忆

8月中旬，正当他们沉寂在淡雅宁静的生活中时，她收到了来自伦敦的一封加急电报：母亲病重了，急需动手术。

这个宛如晴天霹雳的消息一下子让她一蹶不振。她像突然被人击了一下脑门，心神恍惚地来回走动，竟不知要做些什么。

十年前，她和母亲最后一次见面。那时她二十八岁，还在香港求学。

她至今仍然记得母亲的音容笑貌，就像睁开眼看到的一袭阳光，温暖地笼络着幼小而又渴望被宠的心脏。

这封加急电报的到来，不正是母亲在委婉地乞求吗？她想见女儿最后一面，却又难以开口。她不知道女儿如今处境如何，也不知当年狠下心撇她而走，女儿是否心生恨意。她有太多的不确定，也有太多的悔恨。

然而，当一个人正垂死挣扎时，所有的顾虑都烟消云散了。黄逸梵常想，有希冀总是好的，至少有个盼头。

可是，如今张爱玲真的能到伦敦吗？

她生活在一片漆黑的夜色中，就连点一根蜡烛都是奢侈的，更别说买一张去伦敦的飞机票了。况且，她也没有获得美国的身份，说走就走怎有那么容易？

所以，她只能默默地祈祷，写了一封情意深长的信，附上了一张一百美元的支票。母亲的老去，让她渐渐感受到了生命的短暂。她开始暗自思忖，与赖雅的相伴，又会不会在明天睁开眼后成了阴阳两隔？

突然，她那么怕死，怕得低到尘埃里，怕得深夜不敢合眼。她生怕第二天错过了最爱的人，而后的一辈子竟只剩下她一个人苟活。

从今而后的长夜里，她常常站在玻璃窗前，透过月色，向远在伦敦的母亲祈祷。她相信，当年赖雅病重时就是依靠这样的祈祷支撑至今，而母亲也一定能挺过来。

可祈祷终究主宰不了命运，那天的手术之后，她心中的恐惧竟应谶成真。黄逸梵去了，带着对大上海的思念，带着对女儿的深情，也带着对异域他乡的恐惧，永远地闭上了眼睛。

黄逸梵在临死前，曾将一箱子珠宝邮寄给张爱玲。

张爱玲暗想，从遥远的伦敦，漂洋过海而来的宝贝，一定是大上海独有的东西吧。即便不是，也一定弥漫着母亲浓重的气息，那是她最想看到也最想抚摸的。

箱子邮到的那天，她正坐在书桌前，一个人闷闷地看向窗外。也不知停顿了多久，她才心神不宁地打开了箱子。

原来这里面装了不少晚清贵族的古董，每一样都应该值很多钱，有皇帝赏给李鸿章的瓷器、织品，也有母亲家传的古玩玉器，还有在天津时从民间搜罗来的珍品宝贝。她有点心疼地抚摸着被母亲用宣纸仔细包好的珠宝，竟哭成了泪人儿。

也许她看到了容颜焦黄的母亲忍着病痛为她包装古董时的样子，也许看到了大上海数百年的荣华沉浮，也许想起了小时候母亲照顾她的点点滴滴。

总之，回忆里的美好如同一幕幕电影上映，她越是回想，越是热泪盈眶。

流光，开始从大上海古老的墙壁上剥落。她仿佛被带回到了过去，看着母亲穿着一件蓝绿色的长裙，在一片万花丛中曼舞。

四岁那年，黄逸梵坐在洒满阳光的书桌前，精雕细刻地为女儿的相片着色。直到她的笔一抖，颜料从相片上滑落时，张爱玲才看到母亲脸上挂着的泪痕。

年轻时的黄逸梵很美，没有浓艳的妆，也没有出国后的风姿绰约。她很像破土而出的青草，自然而然的绿，自然而然的美。

幼小的张爱玲读不懂母亲脸上的凝重，她只是觉得母亲哭了，就一定有伤心的理由。而后，她也哭，扯着沙哑的喉咙，声音很大。

黄逸梵心疼地一把搂住她，轻轻抚摸着她的短发，说了一大堆伤心欲绝的话。

之后，在一个夕阳慵懒的下午，她亲眼看着身穿蓝绿色衣裳的母亲扬长而去。那时，母亲提着小箱子一步一回头，直到穿过绿意悠悠的葡萄藤时，才消失在青砖绿瓦的小巷深处。

这是她四岁的记忆，很短，也很悲伤。

八岁那年，母亲回国。

再见她时，张爱玲竟有些认不出来了，因为母亲变化太大了。黄逸梵披着一袭华美的衣裳，一头卷发时尚又前卫。姑姑见了她，总会笑意盈盈地说："四年不见，美了唷。"

不知为何，张爱玲突然觉得那样的母亲很陌生，她仿佛无比排斥母亲的浓妆艳抹，也无比排斥母亲说一口流利的英语，讲一些她未曾经历过的事。

然而，母亲对她的爱却未曾变过。她依旧喜欢很早就送张爱玲去上学，抱着她穿过繁忙的马路，而后在学校门口的小摊上为她买一串糖葫芦。母亲还给她起了一个好听的名字——张爱玲。从此，这个名字伴随了她一生，也成了母亲留给她的最珍贵的礼物。

在张爱玲的记忆里，母亲的呼唤好像带着一丝沙哑，似乎有那么点疼，又有那么点不舍得。那一个"煐"字，就像烈火一般在她的胸口燃烧，融化掉四年来的寒冰，温暖一颗缺失母爱的心。

而今，她再也听不到一声"煐"的呼喊了，哪怕是浅浅的，哪怕是幻听。她只能搂着沉重的小箱子，以一颗千疮百孔的心来感受母亲曾经的温度。

十八岁那年，她从父亲家中出逃，投奔到母亲的身边，如同寻找到在黑夜中代替阳光的温暖。彼时，母亲的生活并不富裕，但为了能让她学到知识，为了给她一个好的未来，母亲还是省吃俭用为她省下了一笔钱。

后来，母亲托朋友送她去香港大学读书，还让李开第做她的监护人。她的生活逐渐安稳了下来，也在香港认识了很多朋友。

1946年，母亲最后一次回国。

她清清楚楚地记得母亲那时的模样，不再是当初的浓妆艳抹，也不再打扮得花枝招展，楚楚动人。母亲瘦了，脸色焦黄而憔悴，一定是吃了很大的苦，受了很多的累才成了当时的样子。

她很心疼，想问明白到底发生了什么。然而，母亲不说，她也不再逼迫。

那些掉在时光里的记忆，竟恍如涟漪般荡漾开来。她多想伸手抓住母亲残存的温暖，然而逝去了就再也不会回来了，她懂。

后来，她的小说成了怀念母亲的方式。那一袭蓝绿衣袂就这样划过一本本经典的故事，很轻、很自然地融入到角色的生命中。

在小说《倾城之恋》中，女主角白流苏仿佛成了母亲的化身。她是一个不受男人摆布，具有强悍自救精神的女子。她不喜欢别人主宰自己的命运，所以在炮火连天的岁月里，她以老练和智慧坚强地生存着。

白流苏是一个穷遗老的女儿，快三十岁的离婚女人。当年，黄逸梵看不惯丈夫抽大烟、嫖妓、赌博，也于三十一岁时随着小姑子出国留学。如此看来，两人的身份，竟这样相似！当白流苏从上海出发去往香港时，住在了浅水湾，而黄逸梵亦是如此。

她和范柳原的见面，一样与黄逸梵有着千丝万缕的联系。

白流苏第一次来香港，坐在旅店的廊檐下等范柳原，身后撑着粉红色底子石绿荷叶图案的伞；第二次来香港，在一片烟雨蒙蒙的季节里，她穿着一件绿色玻璃雨衣伫立在码头，范柳原去接她时笑称她是药瓶；第三次时，她和范柳原租了房子，门上涂了绿色的油漆，阳光洒过来，整个屋子里溢满了生命的颜色。喜欢浪漫的白流苏时不时将指甲盖按在墙上，任一道道绿印融入她的身体里，温暖得一如清晨的阳光。

或许，张爱玲写这本书的时候，想的念的都是远在他国的母亲。不然，为何竟连一袭绿色都描摹得如此贴切呢？

毕竟，幼年的记忆给她留下了深深的疤，也让她记住了很多特色鲜明的标记。到头来，那抹绿色终究成了她最喜欢的色彩。

在《红玫瑰与白玫瑰》中，张爱玲给了王娇蕊更大胆的描写，她把对绿色的热爱发挥到了极致，书中写道："她穿着的一件曳地长袍，是最鲜辣的潮湿的绿色，沾着什么就染绿了。她略略移动了一步，仿佛她刚才所占有的空气上便留着个绿迹子。衣服似乎做得太小了，两边迸开一寸半的裂缝，用绿缎带十字交叉一路络了起来，露出里面深粉红的衬裙。那过分刺眼的色调是使人看久了要患色盲症的。也只有她能够若无其事地穿着这样的衣服。"

——多么摄人心魄的绿，最鲜辣，最耀眼，又弥漫着潮湿的气息。因此，不论王娇蕊走到哪里，都会把所到之处染成迷人的绿色。突然，真有点“春风又绿江南岸”的味道。

然而，当张爱玲沉寂在母亲逝去的氛围中时，空气中仿佛又开始氤氲着潮湿的绿迹。只不过，那绿色不再是衣服上的颜料，却成了她幻想和泪眼的交叠物。

终于，她的眼泪如奔腾的江水决堤而出，一滴滴打湿了箱子里的锦衣。彼时，窗外红霞漫天，仿佛一个人的鲜血染遍了整片天空，又仿佛一个人的红泪淹没了翻腾的白云。

她只是伤心欲绝地伏在箱子上恸哭，妄图感受到母亲弥留的温暖。可箱子好冷，风一吹，又是一阵透骨的冰凉，宛如一块千年寒冰，硬生生地刺进她的心里。

院子里的树上落了两只乌鸦，在沉沉的暮色中，发出凄凉的声音。也许，这两只乌鸦是母亲派来的信差，劝慰她不必太难过。也许，它们也在为她失去母亲的事情而伤心。

她以前本就是一个人，很孤独，也很少有人走进她的世界。

从今往后，她的孤独变得更加名副其实，不仅仅是心理上的孤独，也成了一辈子的落寞。

屋子外，赖雅轻轻地贴在木门上，透过半掩半开的门缝看向以泪洗面的爱妻。他很心疼，也有很多话想说，但他知道，目前的张爱玲需要一个人静静。

几天前的一个傍晚，赖雅曾听她讲过黄逸梵的故事。在柔媚的月光下，她一边讲一边落泪，赖雅静静地陪着她，默不作声地为她擦掉眼角的余泪，继续津津有味地听着。

黄逸梵于1948年离开中国以后，曾在马来西亚的侨校教学。不过，她工作不到半年就辞职了，进而在伦敦定居。

在英国的那段时间里，黄逸梵学会了很多东西。男友死去后，她进了工厂做过女工，只为学习皮包的制作技术，以便卖掉男友遗留下的那批皮革。不过，她的首次尝试并没有成功，因为当时的个体手工制作货品已经在欧洲没有市场。珍珠港事件爆发后，在战争的硝烟下，她漂洋过海去了印度。为了生计，曾在印度做过尼赫鲁姐姐的秘书……

黄逸梵的一生都在自力更生，也都在为实现自己的价值而努力。尽管她生前曾留有一箱子的宝藏，但不到万不得已，她绝不会以卖古董的方式过活。

遥想当年，她母亲的母亲去世时，她母亲和孪生兄弟分家产，分到了一箱子古董。而今，她把几乎原封不动的古董又交到了自己女儿的手中，像是传承一家的香火，又像是为张爱玲一贫如洗的生活雪中送炭。

可是，母亲的一辈子是坎坷的。爱情不顺，事业无成，一个人漂泊他乡，死于异国。难道，她也要把这样的厄运交给女儿吗?

张爱玲未想过，也不愿去想。直到四十年后，当她于美国的家中死去时，那一个人孤独的滋味，一个人赤条条来，又赤条条走的无奈，她应该尝到了。

母亲的去世给张爱玲带来了沉重的打击，她的写作也遭遇到前所未有的瓶颈，作品的出版一再搁浅。不久前，她尤为看重的小说《粉泪》被出版社拒绝。这样的满盘否定让她很难过，也一度沉寂在悲伤的氛围中。

十几年前，她在中国文坛留下了深深的烙印。彼时，有多少文学作者慕名拜访，又有多少读者提笔撰文，倾慕她的才华？她那时不过二十三岁，很年轻，尚能一举成名。

而今，她不算老，还未到江河日下的时候，怎么就无法实现那个简单又执着的梦呢？

母亲去世时，她大病一场，精神萎靡，无心创作，直到两个月后，才有勇气整理母亲的遗物。可天不遂人愿，一波未平一波又起，当她刚走出丧母的阴霾时，又再次沦陷到创作的打击中。而这一次，她病得更严重了，不想吃东西，也不想与任何人说话。医生迫于无奈，只得给她注射维生素B来维持生命。

因爱妥协

转眼间，春去秋来，花谢花开。

1958年就这样不声不响的到来，赖雅有点猝不及防，却也有点欣慰。

在他七十六年的生涯中，有四十年是在外面闯荡，经历了大起大落，也感受到了人情冷暖。不过，剩下的三十六年里，他逐渐爱上了平淡无奇的生活，也爱上了清晨时射入被窝的暖阳，爱上了黄昏时执手散步的浪漫。

自从遇到了张爱玲，他的一切都在改变，思想、打扮、性格，无一例外。

张爱玲与他不同，甚至大相径庭。

她自小就生活在繁华的大上海，也习惯了尘世的喧嚣。上大学那会，她暂居香港，在中西文化的剧烈碰撞下，变得越来越潮流，也越来越前卫。

来到美国后，她又辗转到纽约、波士顿，耳边经常会响起喧闹的喇叭声、小摊上的叫卖声，还有卖报童的叫喊声。

如今来到小镇，过了一段宁静闲致的生活，她突然变得浮躁，突然与四周美丽的风景格格不入。原来，她的创作灵感来自于喧嚣繁华的都市，来自于形形色色人物聚集的圣地，而今沉寂如死的环境只会让她压抑，让她生不如死。

一天晚上，家中来了一位老朋友——麦克道威尔文艺营的主管。她见到夫妇俩后，很热情地聊起了这段时间遇到的趣事。她还对彼得堡镇发表了自己的看法，言语中流露出不满和厌恶。没想到，她原本无心的一句话还是被张爱玲拾起了，也随声附和着抱怨。

后来，她向赖雅提议，举家搬往一个繁华的城市中去，过一段车水马龙、人声鼎沸的生活。然而，赖雅并不同意。随着年纪的增长，他更喜欢安逸的环境，更喜欢没有世俗的杂音，也远离了勾心斗角的小镇。夫妇俩商议了很久，也为这件事争吵过。

最后，赖雅妥协了，他没有固执地坚持下去。

也许，他知道自己老之将至，从今往后再无任何大作为。而张爱玲却不同，她还年轻，还有追求梦想和自由的权利，也有享受生活和感受生命的权利。他不想太自私，也不想让她老来之时恨自己。

也许，世上有一种爱叫作妥协吧。

当两人发生矛盾冲突的时候，他最先退让，去拥抱她瘦弱孤独的臂膀，去温暖那颗被他伤得冰冷的心。

他终究是深爱张爱玲的，深深地，深入骨髓的那种。

不久后，赖雅和张爱玲一起向南加州的亨廷顿·哈特福基金会提出了申请，希望得到写作资助。而这一年，张爱玲找到了胡适，请求他做担保人。与此同时，她还单独向哥根哈姆基金会申请了奖金。

转眼到了7月份，两人申请的结果也下达了。令张爱玲颇为伤感的是，哥根哈姆的事情未获批准。不过，两人却获得了亨廷顿·哈特福基金会的批准，同意他们于11月8号入住，但期限只有半年。

亨廷顿·哈特福基金会和麦克道威尔文艺营一样，都是专门扶持贫困作家和艺术家，为他们提供一个良好创作环境的公共组织。

张爱玲喜欢这样的地方，喜欢有独立工作室的感觉，喜欢坐在靠近玻璃窗的书桌前，累时眺望远处弥漫着自由和浪漫的碧海蓝天。

清晨，窗外灰蒙蒙的，朝阳还没有升起，一切等待破晓。

她突然哭着从床上坐起来，蓬松的头发杂乱无章，犹如监狱里的囚徒。赖雅大吃一惊，小心翼翼地将她揽入怀中，轻声问她到底发生了什么事情。

张爱玲很悲伤地告诉他，她刚刚做了一个梦：中国某个知名的作家取得了巨大的成就，但是她却不认识那个人，在梦中经过几番打听仍旧没有印象。突然，她很伤心，很难过，心中被无尽的失落和羞愧紧紧地包围着。

是啊，自觉丢人。

她是一个要强的女人，也是一个无比执着、无比刚毅的追梦人。在文学创作这条路上，她曾看到过百花竞放的春天，也曾经历过落叶纷飞的秋天。只是，她从未想到自己会沦陷到白雪皑皑的冬天之中，任四周的冷风包围，却寻找不到一丝温暖。

赖雅听了她的梦，心情很沉重。他不知道说怎样的话才能安慰年轻的妻子，也不知道妻子未来的文学创作之路是否能一帆风顺。

这么多年来，他亏欠她的太多了。他已年迈，身体也大不如前，甚至半截身子已经没入黄土。而她，在两人生活最困难的时候，毅然决然地放下手中写文学作品的笔，为养家糊口接下一部部商业电影剧本。

那段时间里，她真的很累，每天要写稿熬到凌晨一两点才能入睡。她没有时间构思小说，也没有时间修改旧文。她有的，只是一颗让他生活安定的心，只是一颗不曾悔改、一如既往爱他的心。

如今，她精心打磨的作品却屡遭退稿，即便是曾经引以为傲的《粉泪》，也未得到圈内人士的认可。她太疲倦了，就像一只飞过千山万水的大雁，急需寻找一处栖息点。

然而，她的栖息点在哪里？是赖雅吗？

7月26日，不知不觉到了赖雅的生日。

他知道她喜欢购物，喜欢穿梭在汹涌的人潮中，寻觅自己喜欢的商品。而他精神迷惘，走一段路都要歇好大一会，自然不喜欢这种“无聊”的闲逛。

然而，当那天她问他想做点什么时，赖雅却毫不犹豫地说，去购物。

他们一起去了基恩超市，她想买点好吃的，等傍晚给他做一顿丰盛的晚餐。下午时分，夕阳从金色的玻璃窗上滑下来，悄悄没入湛蓝色的喷泉里。他走得累了，就在爬满青藤的公园中找了一个长椅坐下来休息。而她，继续走进人群中，四下张望着新鲜有趣的货物。他们约好5时20分碰面，而后一起踏着晚霞回家。

赖雅拄着拐杖，看向即将落山的夕阳，竟有几分沧桑埋在心间。他老了，不中用了，身体的各个器官都开始退化，所以无法陪她走完所有的路程。

他突然觉得自己很自私，想霸占她所有的时间，不想让一分一秒虚度。

不知怎的，两年前，他们还没结婚。她对他的依恋就像少女缠着慈父，不给他一点喘息的机会。两年后，她仿佛渐渐长大了，可以挣脱开他的臂膀，自由自在地在世界各地翱翔。

所以，没她的时间里，赖雅的一切活动都是煎熬。

当他缓过神时，看向手腕上的表，发现已经到了约定的时间。

她，依旧没来，像从人间蒸发了似的。

赖雅慌了，拄着拐杖起身，四下寻觅她的身影。商场的人像一窝马蜂扑面而来，全是熟悉的金发银发，没有那一抹清晰的黑发、清晰的黄皮肤。

倏然，他的心脏剧烈地跳动着，脑子里的一切记忆都被掏空。他太害怕了，比让他立刻死亡都恐惧，因为最爱的人不在了，活在这个世上也只是枉然。

直到很久很久，当失落的赖雅抬起头时，正对上她笑意盈盈的眼睛。彼时，他顾不得别人的议论，也顾不得所有的形象，竟一把将她抱在怀里，像宝贝一样捧着，生怕下一秒再次不见。

幸好，他遇到了世上最好的女人，尽管不是在最好的年纪，但已知足。

那晚，清辉了如雪，夜深千家灯。

赖雅在一场烛光晚餐中，度过了六十七岁的生日。

两个星期后，在她的陪伴下，赖雅去医院做了一次普查。她常常想，以后的日子里，每个月都带他去查一次身体，因为他的年纪已经不允许拖延，有了病就得立马治疗。令两人很开心的是，这次普查很顺利，虽然赖雅曾经中过风，不过他的心脏以及各个器官都很健康。

那天，她无比开心，围着他转了好几个圈，就像得知了天大的好消息。

然而，令张爱玲没有想到的是，在获得这个消息的同时，赖雅回家后竟然立了一份遗嘱。他要将自己全部的“无用之物”尽数留给她，这是他能为张爱玲做的最后的事情。

他感觉自己已渐入黄昏，即便如今能挣扎着苟活，也无法许诺与她一世相守。倒不如，在她最开心的时候立下遗嘱，如此一来她心中的那份难过也就没那么深了，他死后她也不会太凄凉。

然而，赖雅要做的远远不止这些，他还要在生前给她编织一个色彩斑斓的梦，梦中充斥着阳光与青草的香味。

中国人的生日一般都以阴历为准，赖雅身为西方人，自然不知其中的学问。爱情，总会让一个粗犷的人变得心细，也会让一个不懂爱的人学会爱别人。他查阅了很多资料，又从张爱玲那里套出了某些信息，终于弄清楚了她生日的公历时间。

——10月1日，一个月的开始，充满了希望和未知。

于是，他提前将这个日子记在了日记本中。他要给她一个浪漫的生日，有巧克力的香味，有玫瑰花的浪漫，也有蛋糕的甜蜜。

此后，他们沉寂在波澜不惊的流光中，每天都重复着单调又忙碌的生活。在平凡的日子里，他一直在等待那天的到来，就像在黑夜中祈祷黎明的降临。

盼星星盼月亮，那天终于来了。可是，天空不知何时飘起了小雨，软绵绵，轻柔柔，恍如浇花用的喷壶洒出的水渍。

她这一生注定不完美，不正是一场轻柔的小雨吗？

在最需要阳光的时候陷入阴霾，在最需要温暖的时候落入冰窟。

她有那么多要追求的梦，却像一行青荇飘摇水底，积淀着美好又短暂的渴望。

赖雅想在这天给她最独一无二的生日礼物，可事情总是让人难以预料，就像在为她庆生的时候，天空突然飘起了小雨。

原来，这天有一个联邦调查局的人突然造访了他们的住所，向赖雅啰唆了一晌午有关他欠华尔曼（Wallman）不动产公司债务的问题。他还想以这件事纠缠张爱玲，企图逼迫他们还钱。那天，三个人僵持了很久，直到中午时分，那人才客客气气地离开。

送走那人后，赖雅长长地舒了一口气，有点伤感地自语着：“上帝是要惩戒我吗？为何在最美好的时间里突然来这样一击，真让我措手不及啊！”

他抬头看向窗外，阴云也早已散去，一抹阳光穿进昏沉的屋子，打在锃亮的家具上。

赖雅端着一盘精心制作的蛋糕从厨房里走出来，嘴上还衔着一根玫瑰花。若不是他两鬓早已斑白，张爱玲竟误认为他是二十几岁的小伙。她望着赖雅那张热烈真挚的笑脸，大吃一惊，双手捂着唇角迟迟发不出声。

没想到，她自己都忘了生日，赖雅却记得清清楚楚，而且每个细节都像经过了彩排。蓦然，她的眼眶有点湿润，两行清泪没来由地落了下来，打湿了碎花裙子。她沉沉地暗想：这辈子能嫁给一个待自己如美玉的男人，捧在手中小心呵护，也是值了。

下午，天空放晴，阳光朗照。

他们吃过午饭后，踏着湿漉漉的小道去了邮局，寄了几封赖雅写给朋友们的信。自从上次中风以后，他常常给朋友们写信，就像担心明天会死去，朋友们会不知道似的。他总是那么小心谨慎，张爱玲明白他的心思。

回家的路上，小径中洒满了花香。一片片黄叶随着萧瑟的秋风徐徐而落，就像一个断了线的风筝，最后渗进泥泞的路里，也有的散在了沥青公路上。他们手挽着手，踏着沾了雨水的叶子，享受着来自大自然的美妙交响曲——嘎吱。

生活如此美好，尤其是和最爱的人在一起，远离尘嚣，静候阳光。她突然不希望很快到家，因为有些路一直走下去，没有终点才是最浪漫的。

到了家中，两人倒在床上小眯了一会。等张爱玲睁开眼时，赖雅已经裹着围裙，全副武装地叫她下床吃饭。夕阳倾泻在餐桌上，扑面而来的香气骤然凝聚成幸福的味道。当她拿起筷子不知夹什么时，赖雅正端着洋洋自得的作品走过来——肉饼、青豆和米饭。

原来是中餐，不是赖雅最爱的西餐。

她有点诧异，因为她从未想到一向粗犷的赖雅竟会为她改变这么多。

偷偷地学做中餐，偷偷地记下她的生日，偷偷地准备好玫瑰花和蛋糕，也偷偷地偷走了她的眼泪，温暖了一颗在异国他乡流浪的心。

彼时，她也不知道吃下的是饭，还是赖雅满满的爱了。

总之，她很幸福，也很感动。

晚上，赖雅告诉她，要带她去看一场刚上映的电影。为此，她吃完饭没多久，就一头扎进卧室精心地梳妆起来。半个小时后，两人挽着手走进了电影院，坐在了中间一排。

欢乐的音乐骤然响起，一幕幕精彩的片段飞入她的眼睛。

这是一部喜剧片，片名是《刻不容缓》（No Time for Sergeants），由艾迪·格里菲丝（Andy Griffith）主演。两人看得很入神，到了精彩的地方也不忘相视而笑，尽情释放着身上背负的所有压力。她更是高兴地笑出泪来，流露出一脸精疲力竭的模样。

夜幕在皎洁的月光下悄悄拉开，路面上还很湿，秋风扫过，落叶如雨般零落，卷过树梢漫过两个人的头顶。

他们有说有笑地回到家中，谈了很多有关电影的主要细节。当彼此准备洗刷入睡时，赖雅突然感觉肚子有点饿，她也如此。于是，两人又打开冰箱，将晚饭时没吃光的饭菜一扫而尽。

10月下旬，夫妇俩开始收拾行李，去了镇上的朋友家中做客，与他们依依惜别。两年虽然不长，掉进流光的罅隙中或许很容易遗忘，但这里的宁静和浪漫，她一生都忘不了。

她是一个喜欢怀旧的人，但凡到一个地方，就会留下一个脚印。而彼得堡镇的记忆，应该会让她铭记一辈子。

11月13日，两人坐上了开往洛杉矶的火车，到亨廷顿·哈特福基金会报道。直到下午时分，他们才到达目的地，而且在基金会的帮助下分到了一间宽敞的大房子。

她放下行李，站在偌大的玻璃窗前，轻轻地拉开帘幕，任一股海风迎面扑来。在水天相接的远方，艳丽的红霞像一块丝绸飘摇在天际。蔚蓝色的海水温柔地荡漾着，在清风的浮动下掀起舒缓的涟漪。

那是加州的太平洋，多么浩渺，多么神圣！

楼下是一片茂密的热带植物林，还有不少花卉美妙地点缀在其中。赖雅告诉她，这里的房价普遍很高，是洛杉矶城附近的“名贵区”。秀丽的风景和流传甚广的美名，让这座城市散发着迷人的气息，因此这里每年都会聚集大批的游客。

他们的住所就在洛杉矶市区附近，每当张爱玲心情好时，总会坐上驶往洛杉矶的大巴车，去市区里的商场或衣服店逛逛。

她太爱这座流露着浪漫和时尚的城市了，也爱这里的天空、这里的空气，甚至是一花一草。

傍晚，夜幕垂下来，繁星如珍珠般在天际闪耀着，环抱着那轮圆月，发出暗淡静谧的光。她喜欢拉着赖雅的胳膊，像少女一样在市区的街道上跳跃，或是徜徉在霓虹灯下的玻璃橱柜之间，或是流连于街头卖力演唱的摇滚乐队之中。

她仿佛寻觅到了精神的寄托，心中的黯然也一扫而光。

然而，赖雅的体会远比她要复杂，甚至大相径庭。

在洛杉矶的比佛利山上有一个闻名世界的地方——好莱坞电影城。曾经，有多少绅士佳人流转于这里，又有多少才子富翁流魂于此地。

好莱坞电影城不仅是造梦的地方，也是淘金者的天堂，是迅速成名的圣地。

当年，风华正茂的赖雅就是这座电影城中响当当的人物。

他意气风发，风流倜傥，不少女演员为求出演他的新戏而大献殷勤，不少导演和制片人争先恐后地与他合作。他成了票房的保障，成了观众们最喜欢的影片的缔造者，也成了好莱坞炙手可热的编剧之一。

在灯红酒绿的时光里，他很快拥有了香车美女，但也很快跌入人生的地狱之中，变得消极颓靡，只知享乐，不安分工作。

他当红时仗义疏财，帮助过很多未成名的人。那时，大家都认识他，他的好名声远播四方。而今，他日渐衰老，曾经与他共事的人死的死、走的走，也有一部分混得好的，知道他如今已是穷途末路，或是早早地躲了起来，或是对他冷眼相看。

有时候，人就是这样。

他们喜欢趋炎附势，想借着别人的名声或人脉为自己铺路。于是，这些人一般混得都不错，也认识很多既有权又有钱的人。

然而，时光荏苒，岁月蹉跎。

有钱的人破产了，有能力的人被炒了，那些溜须拍马、趋炎附势的人反而扶摇直上，坐上了梦寐以求的位置。当他们的名气够了，人脉足了，就会将曾经帮助过他们的人忘得一干二净。

他们是何等“健忘”啊，连七八十岁老人的记性都不如！

可他们是真的健忘吗？

过去，好莱坞电影城是他的辉煌之地。

而今，那里成了他的坟墓。他不愿意去参观，也不愿意带着她去看。

命运开始施宠

当两人走进比佛利时髦的专卖店时，赖雅常跟着她进去看衣服。然而，每一件衣服上的标价都很贵，他们身上并没有太多的钱，根本买不起。彼时，她只是羡慕地在橱柜边看上一圈，直到将很喜欢很喜欢的衣服看到不再喜欢，才从店里走出来。

专卖店的售货员往往冷眼扫过两人，不屑地翻着白眼。他们见过太多只看不买的人了，而这样一对年老西方人和中年东方人的搭配，更招他们的厌烦。赖雅不禁体会到了世态炎凉，自尊心受到了极大的摧残。

然而，他现在又能做些什么呢?

即便如今能拿得动笔，也写不出曾经叫好又叫座的作品了。

他们住的地方还不错，基金会提供伙食，不用想着如何买菜、做饭，倒也节省了不少时间。不过，集体伙食总有一个缺陷，味道不好，不是咸就是淡。

赖雅虽然老了，但他依然很爱玩。他喜欢交际，喜欢跑到公共大厅中和一群人闲聊、玩小赌注的扑克游戏。有时他玩得很尽兴，很晚才回到房中。

对于张爱玲来说，这也许是一件好事。

她总是闷在房中，一个人于书桌上伏案疾书。写作是她生命中最重要的事情，哪一天搁浅都像染了病，久治不愈。

在洛杉矶的那段日子里，她仿佛来到了世外桃源，根本不知道外面发生了什么，只是一头扎进永远也写不完的稿件堆中。她很勤奋，日夜兼程地创作，不少为电懋公司写的剧本都是在这里完成的。

然而，就在这段时间里发生了一件大事，让原本囊中羞涩的夫妇二人迎来了曙光。

原来，梁实秋曾把一本台湾小说《荻村传》推荐给美新处看，美新处看后大为赞赏，便立即寻找译者翻译本书。他们最先找到的是台湾大学著名教授英千里，然而英千里的文笔实在差劲，即便翻译出来也不会有几个人看。于是，这件美好的差事就落在了张爱玲的头上。

命运的宠儿似乎在兜兜转转下，直到如今才寻到她。最终，将所有的好运气都洒给她。

《荻村传》翻译出版后，张爱玲拿到了一万多美元的稿酬，在当时创下了稿酬最高的记录。她还曾将这本书的译文拿给她的美国代理人勒德尔看，本希望能投放到美国市场中，但因书的风格不适合美国读者的口味而被退稿。

不过，这丝毫没有影响这本书在香港和东南亚的销路。1959年，美新处在香港出版了英译本《荻村传》，竟先后印刷了七次，每一版都达到三千册。

在大好的前景之下，她总算长长地舒了一口气：有点曙光总是好的，若一直陷在深不可测的黑暗中，也不知道游弋多久才能拥抱阳光。

这件事使她很欣慰，也使她再次找到了追梦的动力。彼时，远方那一抹无忧无虑的云，终究成了她心神向往的净土。

1959年4月，他们在基金会居住的期限到了。还好，此时的张爱玲腰包鼓了，至少寻觅一个好的城市，住在环境好点的地方还是绰绰有余的。这时，她有了新的目标——移居旧金山，住进能嗅到华人气息的地方。

1959年5月13日，在赖雅朋友的护送下，他们夫妇二人坐上轿车，中途辗转八个小时才抵达充满梦幻和喧嚣的城市——旧金山。

旧金山，就像它的名字一样，有着厚重的历史气息，也是时尚和财富的象征。

冬天，整座城市被一股暖潮包围着，即便北风呼啸，也阻挡不住温暖四溢。

天空，就像一块蓝色的幕布，又像一块透明的水晶，登高远眺，如若置身仙境，美不胜收。

这里有环抱海岸线的维多利亚式建筑群，也有散发着古老韵味的电车，还有热闹非凡、处处流露着浪漫与诗意的渔人码头以及联合广场。

她沉醉了，仿佛张开双臂就能拥抱蓝天，闭上眼睛即能感受阳光。

初来旧金山，她和赖雅先找了一家小旅馆暂住，随后竟像放野似的去参观全城著名的旅游景点。

当然，他们不只是旅游，还有寻找接下来住所的打算。

终于，在不懈的努力之下，他们找到了一个不错的地方—— 一间位于布什街645号的公寓。相比较它优越的地理位置来说，这里的房租不算太贵，月租仅七十美元。5月25日，他们从小旅馆搬进了这家公寓。

赖雅为了安心创作，在几条街区之外租了一间房子。他每天都会把自己关在狭窄密闭的空间中，要写一直没有完成的《克里斯汀》和一部剧本，还答应别人要给辛克莱·刘易斯作传记。

在此期间，张爱玲也没闲着。她把刚翻译成英文小说的《荻村传》改编成了中英文两个版本的电影剧本，取名《荻中笨伯》。这次影视剧的改编，让她赚到了三千美元的稿酬。另外，远在香港的宋淇和麦卡锡还为她在美新处找到了其他的翻译活。就这样，她开始像机器一样没有假期，很少休息，每天投入忙碌的工作中。

令她颇感惊喜的是，上次去唐人街游玩时弄到了一张唐人街图书馆的借书卡。这件事让她格外兴奋，那段时间她几乎天天泡在图书馆中，有时也会借几本有用的书拿回家中看。

也许，一座洋溢着欢乐和自由的城市，往往能打开一个人沉重的心结，释放他们所有的压力。

因此，张爱玲在这座城市里认识了一位美国的女子爱丽丝·瑟瑟尔。她毕业于艺术学校，从小对画画极度热爱，如今已是研究艺术的专家，擅长绘画。

张爱玲也很喜欢绘画，小时起就拿着母亲的毛笔在宣纸上肆意勾勒，长大后，每当写作累时，也会伏在案上画几幅线条洒脱的人物画。

爱丽丝仿若打开她心灵窗户的钥匙。

在镀上金色光晕的海岸上，她们常常赤着脚在潮水轻拍的沙滩上嬉戏，或是看向水天相接的远方，她给爱丽丝讲起曾经被流光湮没的往事。

暖风卷着浪花汹涌而来，夕阳快要没入暗黑色的海中心。

她对着远方叹了一口气，像是轻声低吟，又像是小声感慨。

童年的往事沉重又悲伤，遇到爱丽丝之前，她从未对外人提及。她原以为，这辈子不会再说起，最好烂在肚子里，随着死去的那天一并火化了。

然而，她还是禁不住告诉了爱丽丝，就连她曾“爱过的第一个男人”——也是她唯一一次向别人说起的男人胡兰成，也毫无保留地告诉了爱丽丝。

情海中的痛，犹如针扎，犹如蝼蚁撕咬，犹如炮烙酷刑。

她不知道是否已将胡兰成忘得干干净净，但每当想起时，还是会落泪，还是会哀伤。

她的故事让从小在美国长大的爱丽丝感到很新奇，她也被那一幕幕如同电影画面的情节所吸引，进而感动得流出泪来。

后来，张爱玲把自己小说的签名版送给了她，还给她写了一张中文菜单。

穿过历史的尘埃，那张泛黄的纸张上仿佛演绎着她历经沧桑的故事。

她写字的习惯依旧如古时那样，喜欢右起竖排。虽然圆润婉约的字体称不上好看，但依然能看出她写得很认真。

爱丽丝不认识汉字，张爱玲送她的菜单也沦落成时光中的废品。

原本，她想让爱丽丝拿着菜单去中国菜馆点菜的，却不曾想珍惜这份情谊的爱丽丝将菜单保存了下来，当作无可替代的艺术品好好地收藏着。

在旧金山，唐人街是她最喜欢去，也是最想去的地方。

站在古色古香的街牌前，她仿佛再次回到了那座让她魂牵梦绕的城市——上海。

有多少梦会被回忆收起，变得平淡，进而归于沧海?

又有多少梦让人在看到旧物时心潮澎湃，往昔像海水一样拍打过来?

也许如今，所有的一切汇聚成的终是一个梦，一个回到故土，不负余生的梦。

她如春风般笑了，看着满街走动的中国小孩，闻着肆意飘香的中国小吃，眼角竟涌上了一汪热泪。

赖雅或许不知道她为何落泪，或许没有看到。也或许他知道，张爱玲早晚有一天要返回中国，去看看曾经的建筑，缅怀逝去的青春。只是想到分别，他心里不是滋味，所以宁愿一个人默默地承担。

也许，有些事挑明总比不知道的好吧，至少还有点希冀。

有一天，她和赖雅应邀去唐人街的一座寺庙参加开光典礼，碰巧遇到了麦卡锡。彼时，她的眼眶兴奋地挤出了泪花，脸上跳动着难以抑制的喜悦。

旧友重逢，又是在异国他乡。

她没想到如此渺茫的缘分会降临到她的头上，真有点喜出望外。

这样的日子，平淡又浪漫。

虽然谈不上大风大浪，但至少能时刻温暖心房。

然而不久后，一场罹难像梦魇一样缠着张爱玲。她突然犯了眼疾。对于一个作家来说，眼睛累坏了，创作之路也就废了一大半。

她长年累月地写稿撰文，每天盯着浩如烟海的稿件反复查阅，眼睛不出问题也不可能。但她又不喜欢戴框架眼镜，平时经常戴着隐形眼镜看书读报，也许往日的劳作加上用眼过度引起了神经性眼疾吧。

屋漏偏逢连夜雨，她的眼睛还没有治好，一场只要着凉就会呕吐的无名疾病又找到了她。那时的她像极了《红楼梦》中的林黛玉，受不得任何的风吹雨打。

不过，她没有林黛玉的消沉，也没有林黛玉的多愁善感。

在秋风萧瑟的黄昏，她不会吟诵一首《秋窗风雨夕》哭诉悲惨的身世，也不会于落红漫天的清晨扛着香锄葬花。

在贫病交加的流光中，她不仅没有被打倒，反而越挫越勇，《荻中笨伯》的剧本就是在病痛缠身的环境下创作完成的，也让她完成了一次质的飞跃。

8月14日，两人迎来了结婚三周年的纪念日。

赖雅依旧很细心，清晨天微亮，他就跑到很远的地方买了她最喜欢吃的唐人街点心，又在阳光清丽的午后，牵着她的手去意大利区买了奶酪和咖啡。

傍晚，黑色的幕布将整个天空笼络。清风徐来，夹着远处的花香，清新的空气，吹入玻璃窗中，也飘进了她的鼻腔里。

赖雅点上今天买好的蜡烛，关了灯，坐在与她对面的椅子上，脸上露出如孩童般烂漫的笑容。

彼时，两个人映着月光碰杯欢饮，很多故事，在记忆深处悄悄地开了花。

晚饭后，赖雅再次带着她去看电影。

在霓虹交错的深夜中，两人的背影被月光拉长。她喜欢挽着他的手臂，像小姑娘一样倚在他厚实的肩膀上。也喜欢听他说很多不知讲了多少次的段子，每次听赖雅讲完，她都会露出可爱的笑容。在她的生命里，赖雅成了最完美的情感寄托，也成了谁都无法替代的独一无二。

那天的电影是由詹姆斯·史都华和李丽美主演的新片《桃色凶案》。没想到，他们刚进场，电影就已经演了一大半。不过，他们并不在乎，等到下一场时依旧买了票，从头到尾又兴致勃勃地看了一遍。

不知从何时起，她已经爱上了这种感觉：徜徉在光怪陆离的荧屏世界里，跟随着主人公的情感起伏体验一场场惊心动魄的冒险。

也许，现实带给了她太多的无奈，有时候选择适当的逃避，远比一直消沉要好很多吧。

电影结束后，两人挽着手走出电影院，双双抬起头，正迎上那一轮皎洁的月光。每次看完电影回家，他都会脱下外套盖在她的肩上，生怕冻着她，又生怕她被别人欺负。那时，赖雅的呵护无微不至，她深深沦陷，竟到了无法自拔的地步。

夜色渐深，他们走进一家托尼氏餐馆，点了咖啡和热蛋糕，在悠扬的小提琴伴奏下，共同度过了浪漫唯美的一夜。

1960年前，张爱玲在几经周折下拿到了美国移民局的入籍通知书，并于当年7月正式成为美国公民。

得知这个消息后，赖雅无比高兴。他仿佛觉得，只要张爱玲永远属于美国，便不会回到中国去，即便回去了，也只是短暂的逗留，因为美国才是她真正的家。

又是一个秋天，落叶洒过冗长的小径。

天高云淡，几只大雁伴随着悲凉的风，划过高耸的树梢，向不知名的远方飞去。

这天是她的大寿——整整四十岁的生日，相较以往，赖雅似乎感受到了一点点压力。因为他不知要带给她怎样的惊喜，也不知两人如何度过这神圣的一天。

正在这时，张爱玲突然提出了一个令赖雅很诧异的想法：她要去看脱衣舞！

赖雅年轻时常常出没夜总会，也不知看了多少场脱衣舞。她的愿望，对他来说是小菜一碟。

在薄凉的暮色下，细弯的月色高升，脆亮。

两个人走进一间简陋的脱衣舞俱乐部，在闪耀的灯光和喧嚣的音乐的陪衬下，迎面走来几个身材火辣、衣着裸露的妙龄女郎。

赖雅老马识途，对于这些场景早就司空见惯了，即便他如今重温一遍，也像喝一杯白开水，早已没了感觉。所以，整场舞蹈下来，独剩她津津有味地看着，脸上时不时地浮现出一抹羞赧中带着欣喜的笑容。

那天的生日很特别，她做了一件以往想都不敢想的事情。如果不是有赖雅陪着，也许她一辈子也不会来这种地方。

四十岁的生日，她很难忘。

1961年3月的一天，张爱玲正忙碌地整理稿件，突然接到了一个远渡重洋的电话。原来，电话是炎樱打过来的。令她又惊又喜的是，炎樱说要从日本回来，中途路过旧金山。

有炎樱的消息，她自然很开心。早在年初的时候，炎樱就曾给她写过一封信，说起结婚的事宜，还讲起去日本游玩的趣事和途经旧金山的细节。

然而，当那天她们约定好的时间到来时，张爱玲和赖雅在家等了一下午，炎樱却没有如约而至。蓦然，她的脑海浮现出一个不好的念头：莫不是中途遇到了别的事情，还是又要爽约？

她不清楚，也不愿去想。

她只是觉得两个人才一两年不见面，彼此的距离就这样被拉远了，再也不像当初那般无话不谈了。

正当她焦灼不堪地等待时，一阵门铃声打破了原有的平静。

炎樱笑容妍妍地站在门口，任时尚又前卫的卷发盘在头顶上。张爱玲突然很亲切地拉住她的手，胸口顿时沸腾起一股暖流。

那时，她从炎樱眼中看到了一丝陌生。

浅浅的，不再深情如昨，而是带着一抹孤傲和不屑。

她们的友谊到底哪里出了问题，难道仅仅是时间滋长了距离吗？

当曾经的往事随着时光悄然而逝的时候，她的遗作《同学少年都不贱》还是透露了蛛丝马迹，将她与炎樱那段难以启齿的旧事再次推到风口浪尖。

原来，如今的炎樱再也不似从前了！

她嫁给了一位有钱的老公，行为举止都被钱财污秽。她变得冷傲，变得孤僻，变得看不惯任何贫苦的人，也包括曾经与她肩并肩走过二十载的好友。

后来，张爱玲在小说中无不愤怒地说道："人穷了就随便说句话都要找铺保"，而且还提到"那云泥之感还是当头一棒，够她受的"。

自这次匆匆一晤之后，两人再也没有见过。

她们相伴相知了二十多年，终究因为某个不该说的话，某些不该有的言论不欢而散。也许，世俗的潮水就是这样，有时会波涛汹涌，有时会风平浪静。

看重还是看淡，她心知肚明。

在旧金山的那段时间里，赖雅的女儿霏丝有时来看望他们。

她的年纪与张爱玲相仿，目前已是三个孩子的母亲。霏丝的丈夫是一位海事方面的历史学家，而她则在华盛顿芭蕾学校做行政管理员兼教师。相较于赖雅的散漫无章，霏丝明显要精明强干很多。她把整个家庭调节得一片祥和，不像他们这般孤独冷清。

因此，只要霏丝到来，他们屋子里就会洋溢起欢乐的笑声。但这笑声与张爱玲无关，因为她从小就无比憎恨后妈，而今更不愿给一个年纪与自己相当的女人当后妈。所以，每当赖雅和霏丝有家庭聚会的时候，她常常躲得远远的，或是在房中看书，或是写一会稿子。

不过，她表面上待霏丝还是很好的。每当霏丝来时，张爱玲有时带着她去逛街；有时陪着她去公园散步，看看落日和红霞；也有时陪着她去唐人街的中国餐馆吃中国菜。

她不愿与霏丝之间发生任何的不愉快，所以每次做事都是小心翼翼的。她很清楚，对于赖雅来说，她和霏丝都是他手心手背的肉。她既然爱赖雅，就必须做出一定的妥协。

世人常常戴有色眼镜看待这桩婚姻。

他们认为张爱玲结婚只是为了获得在美国长居的绿卡。

也有人认为，她的婚姻不过是为了寻找食宿和灵魂的寄托。

不然，为何在她精心编辑的《对照记》中不见赖雅的一张照片？又为何她从未在小说或其他资料中提及这位年长的异国丈夫？

她的冷漠和漠不关心，不恰恰印证了她的“野心”吗？

其实不然，她这么做自然有自己的道理。

在张爱玲的世界里，文学充满了高尚和浪漫，又带点诗情画意的特质。

她对文学的热爱甚至超出了自己的生命，所以她不愿将世人都拥有的人事再度描绘出来。她又是一个有极度精神洁癖的人，自然也就不会将任何与文学无关的事情记录在文章中。

赖雅是她一生之中最值得珍惜的男人，也是陪她走过很多风风雨雨的追梦人。

她宁愿自私一点，将快乐封存起来。

因为她觉得一辈子的美好没必要与别人分享，自己独享，就够了！

第三章

归来海上：文化苦旅，遥遥无期

终究错过

美好的生活刚刚开始，她和赖雅再也不必为衣食住行犯愁了。

然而，这样的生活就是她想要的吗？还是，她要一辈子碌碌无为下去，决定在此完结一生？

不！

一路走来，她从未忘记那个远大又美好的梦，而居在此地，只是她一个短暂的决定。因为除此之外，她还要一步步地实施那个酝酿了很多年的计划。

不久之后，她一定要重回故土，去看看曾经被风霜雪雨淹没的旧人旧事，去看看那些散发着古色韵味的老城，去完成一本英文传记小说《少帅传》。

遥远古老的中国，终究是她一生的梦，也是一个披着华丽的外衣，在霓虹灯下跳着热烈又浪漫华尔兹的梦。

其实，早在两年前，她的脑海中就曾翻腾过这个想法。那天，她去办理入籍护照手续，却在不经意间听说了一家英国海外航空公司。

蓦然，她的心间就这样荡漾开一股暖流，仿佛看到了黎明的曙光。那时，她的脑海中只有一个念头：买一张飞机票，乘飞机飞往中国。

可当时一张飞机票就是天价，竟要一千美元，她囊中羞涩，如何吃得消?

转眼已过数载，而今的她生活安逸了，手头也有了一笔丰厚的钱财，可写作的梦想却与她渐行渐远。曾经很多华丽的梦都变得支离破碎，以至于后来再也不现实了。

不过，她从未想过放弃，即便前途一片荆棘，她仍旧选择义无反顾地走下去。

当几部英文短篇小说在英国和美国惨遭滑铁卢，1959年底辛苦写完的《怨女》又无处出版时，她在家沉沉地思忖了很久，决定将心中所想告知赖雅：她的东方之旅势在必行，如今已经到了非去不可的地步！

在张爱玲的规划中，第一站先到达的是香港。

在此之前，她曾答应宋淇要为他们公司写一部剧本。可她长年旅居海外，香港的风土人情早已忘得所剩无几。况且，每个时代都有每个时代的标记，她如今已不知道香港到底变成了什么样子。这一去，也算搜集素材，寻找灵感。

她第二个要去的地方是台湾，一个软禁着她的偶像——张学良的地方。

也许，如果不是为了写一部英文小说《少帅传》，可能她至今仍没有去台湾的念头。可是，张学良在氤氲的历史中留给她的魅力，还是像紫罗兰一样收了她的心。

那么美，又那么摄人心魄。

她常想，如果《少帅传》能得到张学良的认可，并收集到第一手资料，她就有信心在美国的图书市场站稳脚跟，也有信心为中国文坛书写一抹新的篇章。

她越想越激动，甚至有了立马起航的打算。

然而，当这个消息飘到了赖雅的耳朵里时，他却突然变得极度恐慌起来。

她若走了，还会不会回来？

从此，天险路遥，他又年事已高，不日即有陨落的一天。

若她走了，此后的岁月里，他该如何是好？

想着想着，赖雅脑海中飞过无数个画面，最后竟无可奈何地认为，如果一旦放走张爱玲，他便一辈子再也见不到她了。因为他的年纪大了，无法陪她天南海北地游走。而她还年轻，未来仍旧一片光明。

那晚，他在日记中愤愤地写道："好，我很满足现状，她却要改变！"

也许，一个人转身就是彼此一辈子的擦肩而过。张爱玲明白丈夫心中的积虑，所以花了一个晚上的时间，才将整件事说得清楚明白。

不过，赖雅终究无法完全同意，他只是表面上肆意微笑，心里却千疮百孔。

多年来，他老病缠身，也不知哪日化仙而去。而张爱玲的离开，无形之间像在他胸口刺了一把刀，还不忘再拧两下。

在两人作别的岁月里，她希望丈夫能留在旧金山，让培根和爱丽丝过来照顾他。而自尊心一向强烈的赖雅哪里会同意，他立刻伏在案上给霏丝写了一封信，企图将行李托运到她那里。随后，又向亨廷顿·哈特福基金会提出申请。

在赖雅眼中，张爱玲肯定是要远走的。她毕竟年轻，如若遇到一个合适的中国人或许会再嫁。而他，如今成了迈入黄土的糟老头，一辈子很快就会过去，她要舍他而去，也是应该的。张爱玲无法说清楚心中所想，面对赖雅的怨气和固执，她只能冷冷地苦笑，任他离去。

是夜，冷风穿过玻璃窗，伴随着皎洁的月色漫进屋子里。两个人互不搭理地收拾着自己的行李，他们都要走了，只不过一个向东，一个向西。

赖雅认为，隔着大海，再浓的感情也会变淡，就像一望无际的海岸线，终究会归于溶在天空的一片蔚蓝。而张爱玲却很坚定地相信，距离再远，也挡不住心底的思念。她走是为了追梦，亦是为了生计。若归来，定然为了爱，为了一个死而无憾的家。

她爱赖雅，已经深到骨子里，怎会说抛弃就抛弃呢？

几日后，赖雅向基金会提出的申请被驳回了。霏丝得知父亲的处境后，在她邻近的公寓找了一所房子，让他暂时搬进来。她等赖雅的一切都安顿好后，才很踏实地拉着行李箱，尾随着一片血红的晚霞向飞机场走去。

暮色，黄昏，一派萧条和凄怆。

她走在冗长的小道上一步三回头，多希望赖雅立马追上来，送她到机场。

然而，直到走了半个小时，她仍旧没能看到他的身影，哪怕是一句挽留，一声哽咽，都未曾听到。

当来到行人穿梭往复的飞机场门口时，她一眼就看到了那个挺着啤酒肚、满脸茫然的老头。岁月赋给了他沧桑，而他却给了她一生的爱。倏然间，她迎上去，一个拥抱，彼时，温暖的泪痕划过眼眶，湿了心潮。

夕阳渐沉，圆月初升。

他目送她登上舷梯，而她却泪意潸潸地看向他。直到他的身影随着舱门的关闭而消失时，她才从思念的罅隙中醒过来，竟止不住地大哭了起来。

1961年10月13日，张爱玲顺利抵达台湾，她蓦然不觉，阔别故土竟有六年之久了！

下了飞机，阳光像金色的麦浪汹涌过来，掀来一阵清风，温暖着她那颗热血澎湃的心。当她看见在飞机场接她的麦卡锡时，忽然有了一种时光倒流的错觉，仿佛回到了彼此初见的地方，各自几分羞赧地一问一答。

如今的麦卡锡早已今非昔比，他此时正担任美国驻台北领事馆文化专员，还负责美国新闻处的工作。张爱玲一早就知道他很有能力，只是没想到仅仅六年就使他改变这么大。

往事如烟，历历在目。

多少随风而逝的故事，终成了山河间一片缥缈的云色。因此，即便有些东西很美好、很向往，也只是远观，不可亵玩。她眼看好朋友一路高飞，又想到自己步履维艰，在兴奋之余，竟也有几分艳羡和落寞。

麦卡锡的大别墅坐落在阳明山公园附近的巷子里，路过的人无不被别墅豪华的装饰所吸引。也许，这就是身份的象征，也是一个男人取得成就的体现。她知道，麦卡锡能走到今天这一步，一定为之付出了不少心血。

而她，这次来台湾，能否满载而归呢？

早年，“张爱玲”三个字像一团火焰在台湾燃烧起来。那时，大家还沉寂在她和胡兰成凄美的爱情故事中，所以对她的文学关注度并不高。

在美籍华裔学者夏志清教授的推波助澜之下，张爱玲的文学价值骤然被放大，越来越多的人开始读“张爱玲”，甚至有不少作者企图模仿她独特的创作文风。

夏志清在《中国现代小说史》（英文本）中曾说道：“她可能是五四以来最有才华的中国作家……是近日中国最优秀最重要的作家……”

此后，一大批“张迷”如雨后春笋般从台湾这块小土地上崛起，大家争相找来张爱玲的书看，仿佛没看过张爱玲书的文青都是“伪文青”。

次日晌午，麦卡锡夫妇在台北国际戏院对面的大东园酒楼设宴，一来为张爱玲接风洗尘，二来有意让台湾的作者与她见个面。

麦卡锡请来的陪客，有白先勇、王文兴、欧阳子、陈若曦、王祯和、戴天、殷张兰溪等。他们大多数都还是台湾大学的学生，也是一群迷恋文学的热血青年。在那个春光烂漫的年纪，他们有太多想法和创意，也曾创办过《现代文学》杂志。

很多年以后，他们中的不少人成了著名的作家，也完成了生命中一次质的飞跃。而初见张爱玲的那一抹记忆，却如烙印般留在他们的心里，无论经历多少个春秋，每当回忆起来时仍然清晰如昨。

中午十二点，陪客们早早地就到了。他们对张爱玲格外敬重，所以无一人迟到。这时，麦卡锡和张爱玲还没有来，屋子里突然变得沸沸扬扬起来。大家交头接耳地议论，纷纷揣测张爱玲到底长成什么样子。

陈若曦问白先勇："你想她是胖还是瘦？"

白先勇若有所思地回答："她准是又细又瘦的。"

陈若曦并不赞同地瞥了他一眼："我觉得不是，她一定既丰满又性感。"

陈若曦下这个结论，主要源自于她早年看过张爱玲的一本书《流言》。她记得书的扉页曾有一张张爱玲的小照，纵然流光早已将这段记忆从她的脑海里冲刷掉了，但每当她回忆起来时，仍会想到一位生命力旺盛，又孤高清傲的女子。

当众人向麦卡锡询问张爱玲的近况时，没想到却听来一个最不愿听到的结果——张爱玲生得肥胖，生活作风很差，平时很邋遢。

众人都知道，麦卡锡与张爱玲的关系非同一般，既然他有了结论，也便是对张爱玲最中肯的评价了。所以，此言一出，所有前来拜见张爱玲的学生们无不感到失望，脸上即刻浮现出一抹淡淡的不悦。

暮霭黄昏，血红色的夕阳划过晶莹的玻璃窗，给沉寂的房间镀上了一层艳红。

没过多久，她从门外走了进来。

彼时，一件素净的旗袍赫然浮现在众人眼前。柔和的光亮，一刹那间笼络了这位超凡脱俗的女子。纵然她的美丽无法用仙女下凡来形容，却依然有着远离尘嚣的美。

也许，在三十年代的上海，她就是那朵永不凋零的花。直到今日，依旧盛开在阳光明媚的时刻。也许，她的美丽由内而外，浑身散发着特殊的气韵，仿佛从远古走来，带着淡雅迷人的芳香，惊醒一个个沉睡中的人。

蓦然，众人适才顿觉。

原来，麦卡锡并非真的贬低张爱玲，他只不过用了“欲扬先抑”的手法，让众人在失望之极时，突然迎来黑暗中的一抹阳光。

白先勇坐在张爱玲的一侧，在那段如沐春风的时光里，他的记忆永远停留在那一袭紫色夹衣所编织的梦里。他余光微笼，瞥见张爱玲透明的手背上暴露的青筋，一根根血管就像纵横交错的山壑。

众人借着梦中氤氲的气息，感受着她美而不喧的声音。

她说话的语调很轻，就像蜻蜓点水般，在大家心中荡开回味无穷的涟漪。她的谈吐洒脱，每一句话，每一个字，都是思想和情感的流露。

在参加聚会之前，她曾在《现代文学》上看过王祯和写的《鬼·北风·人》。在那个星光黯淡的晚上，她的思绪仿佛飞进了书中，伴随着作者精心勾勒的场景，尽情徜徉其中。

那时，她是快乐的，也是无比兴奋的。她恍若看到了少年时那座古老神秘的院落，任由晶莹的星光穿过高耸的灌木丛，于漆黑的长夜中交织着美轮美奂的梦。

王祯和得知她有参观老房子的想法后，当即给家里写了一封信，用“限时专送”寄了过去。他为了能陪张爱玲欣赏完所有的风景，还特意向学校请了一个星期的假。

在王祯和的眼中，她不仅仅是一名作家，也是一位令他着迷的女性。他说不出张爱玲哪里吸引了自己，但他的心中永远蔓延着敬重，仿佛与她走得越近，他的尊敬就越强烈。

午饭过后，慵懒的夕阳漫上来。

在陈若曦的陪同下，她在街上精心挑选了几块布料，用来作为送给王祯和母亲的礼物。

回来的路上，两人坐上三轮车，慢悠悠地走在蜿蜒的小道上。她仰头望去，远处青草摇曳生姿，清风柔和如雨。曾经，多少美丽的梦，都在这座小岛上生根发芽。她自己，也曾做了很多梦，设想过无数个画面。

在美国的那段时光里，不少友人向她描述过台湾的景象，她每听一次，都能从中体会到不一样的感觉。而今，她终于亲自来到了这里，吹着轻盈的风，做着圣洁的梦，心底竟突然涌上一股感动。

陈若曦看到了与席间不一样的张爱玲，她很健谈，对时尚也有独到的见解。她们不断讨论着中国的老式发髻，也对服装、发式、衣料和颜色等有相同的看法。

虽然她们只相识了半天，但陈若曦却深深铭记了半个世纪。张爱玲，仿佛像魔一样迷住了她。无论何时，每当提及张爱玲，她都会上扬唇角，脸上即刻浮现一抹自豪之色。

后来，陈若曦曾在文章中这样写道：

“她以世界人自居，超越地域。她是一个天塌了也面不改色的人，每个动作迟缓而稳当，极具有耐性。”

“她是个极不拘小节的女子，有人认为是迷糊，我想她完全是豪迈，率性，超越繁文缛节，最具赤子之心。”

“无论走到哪里，张爱玲都是一个特殊的人物。她的敏感和率真造成她的不平凡。这真是我见到的最可爱的女人；虽然同我以前的想象不一样，却丝毫不曾令我失望。”（节选自陈若曦：《张爱玲一瞥》）

一个人对另一个人的影响，轻起来或许只有一瞬的记忆，而重起来，却是一辈子的不能忘怀。

陈若曦知道，这辈子能遇到张爱玲，终究是她最骄傲也最自豪的事情。她宁可用尽所有笔墨，也要将心中所想倾覆而出。

毕竟，有些感情，不吐不快。

宴会后的第二日，王祯和陪着张爱玲来到花莲。

这里就是他在《鬼·北风·人》中所描写的地方，张爱玲初来乍到，就已经感受到扑面而来的乡土气息了。

两人下了车，走在花莲县城的中山路上。遍地的油菜花像金子一样悄然盛开，弥漫的香味飘然而去，远隔千里，亦能嗅到淡淡的气息。

不远处，一座地道古老的台式建筑蓦然乍现。

她举目望去，只见深深的庭院锁住了开满喇叭花的梧桐，一道道斑驳的墙壁上也爬满了青藤。若不是王祯和轻声呼唤，她还误以为走进了李煜的词令世界里，回味着“寂寞梧桐深院锁清秋”的韵味。

王祯和的父母曾受过日式教育，早年父亲去世，他和母亲孤苦相伴。所以，他的小说中处处流露着自传色彩，而小说主人公也多半是小人物。

张爱玲看了《鬼·北风·人》之后，除了对花莲充满浓厚的兴趣外，也对王祯和大量使用意识流的创作手法感觉新奇。相较于她的传统文学创作模式，王祯和的现代主义手法明显让她感受到了文学的勃勃生机。

王祯和的母亲知道张爱玲为花莲而来，她很早就做好了花莲特有的点心、小吃。彼时，三个人坐在木椅上，任霞光滋润着喜悦的脸庞。

这么多年过去了，很多记忆早已物是人非。然而此时，她却仿佛再次找到旧上海“家”的味道。只不过，那些消失在历史年轮中的流光，已然不复曾经。

老太太颇为感伤地告诉她，再过一段时间，王祯和的干姐姐就要出嫁了。到那时，偌大的房间恐怕只剩下她一个人。

张爱玲深知孤独的滋味，尤其是在看到老太太泪眼汪汪的模样时，更增加了几分同情。她顿了很久，才用悲伤的语调回应：“那你应该比较寂寞。”

寂寞，何止？

多年后，当年迈的她依靠在旧棉被上，侧过身望向看似喧闹实则落寞的电视机时，又会不会想到今时今日的场景？

当最爱的人死去的刹那，当所有的希冀扑了个空，美丽的梦，能否带着她抵达彼岸，带着她奔向那充满花香、洋溢着快乐的地方？

或许，会吧。

她住在花莲的日子，也许是这辈子最闲暇的时光。每天清晨，可以对着旭光伸个懒腰；傍晚时，又能陪着王祯和与他母亲闲聊家常。

她突然爱上了这种生活，也爱上了恬静中透着浪漫，温暖中流露亲情的岁月。

王家在花莲经营一家杂货店，店门虽然不大，但却垄断了附近的商行。每当大家走进店里时，但凡看到张爱玲，都会误认为是王祯和领来的女朋友。

那年，王祯和二十一岁，而张爱玲却已经四十一岁了。

在那个年代，女人过了四十岁，早已是明日黄花。而她，却能混淆他人视线，使人误认为是二十几岁的小姑娘。可见，当时的张爱玲该有多年轻!

王祯和一点也不介意邻居称张爱玲是他的女朋友。那时，他对张爱玲的痴迷，也已经上升到了难以言表的程度。

多年后，当很多人都已老去，而他的那段记忆，却如同繁花盛开，越是日久，越是娇娆。

王祯和曾乐此不疲地说道："她那时模样年轻，人又轻盈，在外人眼里，我们倒像一对小情人，在花莲人眼里，她是'时髦女孩'。因此，我们走到哪里，都特别引人注意。我那时刚读大二上学期，邻居这样看，自己好像已经是个'小大人'，第一次有'女朋友'的感觉，喜滋滋的。"（节选自清秋子：《爱恨倾城小团圆》）

张爱玲的好奇心一直很强烈，仿佛从小时起就已经滋生。

当王祯和偶然向她说起花莲的"大观园"时，蓦然间，她对那个地方来了兴致。要知道，她是地地道道的红迷，任何与《红楼梦》沾边的地方，她无不向往。

岁月在流沙中静淘。

某个黄昏，翻开尘封的相册，即便是泛黄的纸张，也掩盖不住那双灵动的眼睛。

来台后的张爱玲，身心受到了巨大的冲撞。她变得越来越开朗，抑郁沉闷的心情也得到了释放。

也许，有种美源自于内心，也源自于表露无遗的思绪。

某个黄昏，夕阳躲进了云海中。

王祯和带着她参观了附近的景点，却不巧于陋巷中看了一场妓女户小姐跳的“曼波舞”。遥想当年，她曾和赖雅去美国的酒吧看脱衣舞，但相比之下，来台看到的这场艳舞倒让她倍感新奇。

王祯和是个细心的年轻人，她说的每句话，他都记在心里。哪怕是张爱玲轻微的情感波动，都被他敏锐的目光抢得分文不剩。

翌日，王祯和找到了他的四舅，几经周折，才安排张爱玲走进了当地有名的“红灯区”——大观园。

这是一所酒家聚集之地，坐落在南京街和仁爱街的转角处，王祯和送给此地一个好听的名字——“甲级妓女户”。

夜幕沉沉，箫声如雨。

灯红酒绿的小巷依旧洋溢着笑声，月光洒在彩色的玻璃窗上，干净的光芒穿不进屋子半分。她穿着一件轻薄的花衬衫，衣服款式很随意，脖子下方的两颗扣子没有扣上。在王祯和的舅舅看来，她就像一位地地道道的美国人，热情开放极了。

张爱玲游走在喧嚣的街市上，当视线掠过觥筹交错的艳女时，竟会心一笑。

她扪心自问：那些喜欢在夜场出现的酒娘、嫖客，是否想过一夜欢好后的凄凉？或是被熟悉的人于背后嘲讽，或是被亲人怒斥，抑或是身边相拥的人来来回回地换，当独余一个人时又无比的怆然。

她们的快乐被肉欲的表象占据，而空空如也的躯壳，只是守望明天的暂栖地。等到年老色衰，再无任何姿色卖弄。彼时，她们终将沦为岁月的奴隶。

张爱玲浅笑，并非鄙视她们，却在平白间添了几分同情。她有些想不明白，如此风华正茂的年纪，安安稳稳地做一份工作有何不可？

难道填不满的欲望之海，真就那么令人着迷吗？

在王祯和的陪同下，她从南到北地漫走，以高傲的姿态睥睨着坐在酒客腿上的艳女。直到一只脚磨破后，她才顿悟自己已经走了很远的一段路了。

她脱下另一只脚上的袜子，穿到磨破了的脚上。这一个动作，无形之间，竟引来众人瞠目结舌的目光——在他们眼中，张爱玲保护自己的姿态，竟被误认为是由美国席卷而来的流行风尚。不少艳女甚至想着，要不要明天也尝试一下这样的穿法。

走到“红灯区”的尽头，在夜色的掩映下，一座古色古香的城隍庙赫然出现。

两人进了门，一股焚香的味道迎面扑来。她紧闭眼睛，仰起头任月华流照。王祯和问她房中四根柱子上的对联作何解释，她想了许久，很开心地说："我知道，我知道意思。"

不过，她终究没有告诉王祯和柱子上对联的意思，而王祯和也未再追问。

在王家居住的那段时间里，她每天晚上睡觉前总会往脸上涂很多水。也许，正是那么多护肤品，才使得四十一岁的张爱玲青春永驻。

王母很不理解，用闽南话轻笑着问王祯和："不知是什么东西？"

那晚，清辉如雪，晚风迎袖。

她和王祯和一块去了花岗山，欣赏了阿美族的"丰年祭"。

在台湾，"丰年祭"是阿美族最重大的民俗活动。节日当天，本地居民往往钻木取火，点燃兰芭叶子，煮熟糯米饭后，摆上米糕，用来祭祀祖先。

她置身于野性又原始的人群中，随着载歌载舞的居民应声高歌，不知不觉间，迷失了执着的自己。彼时，她忘却了自己的身份，也不去想曾经的辉煌。她完完全全被原始的世界所征服，感受着大自然造物的独特的美。

演出到了中途，明亮的广场突然漆黑一片。蓦然间，大风飞扬，卷起细小的沙粒。众人一阵惊怕，纷纷往光亮处逃窜。席上，唯独张爱玲泰然处之。灯亮后，她受到了当地县长的热情款待，本想邀请她落座贵宾席，却被她拒绝了。

王祯和与她谈了很多有关中外文艺的问题，两人也粗略谈了五四以后的中国文学。不过，张爱玲似乎对于这一类作家并不认同，她很淡然地评价，在大陆，作家们都按一种Formula（模式）来写作，因此不会产生多么伟大的佳作。

早年，王祯和就曾拜读过她的小说《金锁记》。他认为，张爱玲的这部作品很经典，有着全球性的广泛意义。而写爱写情的《倾城之恋》，则将新时期的爱情推到了制高点。从今往后的电影，即便如何浮夸地拍摄，一样无法表现小说中最独到的精髓。

农历十月十五日，张爱玲随着王母和王祯和来到一家“金茂照相馆”，三人要拍照留念。对于照相，一向很注重自己形象的张爱玲怎会马虎？她在房间中足足收拾了一个多小时，直到装扮满意了，才颇为羞赧地走出屋子。

摄像师也很小心，他反复摆弄三人的姿势，满意后，才按下快门，成就了这张珍贵的相片。如今，当我们翻开合照，依旧可清晰地看到这样一副画面：张爱玲居中，王祯和与母亲分布两侧。而相片上方，则写着“张爱玲小姐留花纪念50、10、15”几个大字。

这是王祯和与她唯一的一张合照。

后来很多年，时过境迁，人老人去，然而定格了的画面，曾经来过的人，经历过的事情，却依旧无法更改。

我们无法知晓当时的她到底带着怎样的心境，是开心，还是紧张？是淡然，还是重视？但我们知道，当时的她还算年轻，年轻的眉宇间洋溢着洒脱和自信。

彼时，她穿着一件一字领的花衬衫，白皙的肌肤如盛莹的玉雪。那一头简单利索的短发，则伴随着她清冽的目光，散发着摄人心魄的美丽。

在梦与现实交织的世界里，她终于向王祯和说起来香港的目的。

原来，她要为电懋公司写一个电影剧本《红楼梦》，而影片的故事，恰恰是一群少男少女的情事。在那个还算开放的年代，爱情成了人们唯一的寄托，也成了灵魂中最脆弱的宣泄。

可她并不想只重商业而忽略文艺的内质，因为她的骨子里，一直流露着与众不同的潜质。她想让更多的人读自己的作品，也想让别人领悟自己独一无二的思想。

这些，王祯和一概不知。

在他眼中，此时的张爱玲很淡漠。她对于自己的文学创作只是轻描淡写地说一下，之后方转移到别的话题上。

二十年后，当王祯和回忆起与她在一起的时光，仍旧欣喜地笑着说："我还记得她在我家，捧着木瓜，用小汤勺挖着吃，边看《现代文艺》，那样子是那么悠闲、自在。二十五年过去了，那姿态我居然还记得那么清晰，就觉得她什么都好，什么都美。"

不久后，她要离开花莲，赶赴台东。

临行前，她非要给王祯和的舅舅买个礼物。王祯和则一再强调，舅舅什么都不缺。她颇为幽默地打趣说："A man who has everything（一个全能得人），是很难买衣物的。"

两人在街上逛了很久，直到走进一家书店，她才停下脚步，信手买了一支钢笔。

离开时，某个晚报的记者才得知张爱玲来花莲的消息，但当时的报媒上，只简短地写了一句话："来台湾是拜访亲戚。"

也许，她所说的亲戚，正是年纪尚轻的"王祯和"吧。

也许，她想从花莲搜寻到大陆上存在的一点一滴的记忆，而浓浓的乡愁，恰恰是那血浓于水的情感迸发。她要拜访的亲戚，也自然是过去剪不断理还乱的回忆。

虽然张爱玲只在花莲待了一个星期，但她却给王祯和留下了弥足珍贵的精神瑰宝。多年后，王祯和曾自豪地说，是张爱玲教会了他三件事。

首先，她教会了他说标准的国语。以往，王祯和f音和h音分不清楚，常常给人造成聆听的错觉。但自从听了张爱玲的意见后，他每次说话都先从大脑中过一遍，而后才脱口说出。

其次，她让王祯和认识了文字读音的重要性。很早之前，他常常将"噱头"读成"剧头"。在张爱玲的一番调侃下，他每次写文章遇到不确定的字，总要查一遍字典才罢。

最后，她让他彻底改了文艺腔的毛病。上次去花岗山，王祯和与当地人碰杯饮酒，很随意地说："他们的表情很忧伤。"张爱玲没听懂他的意思，一直询问下，王祯和才用英语告知她："sad。"她听后，很淡然地回应他，说他说话略带文艺腔。从此，他说话再也不文艺，反而平淡中透着要点，常常一语中的。

在花莲的那段日子纵然不长，但却给她留下了深刻的印象。

不过，她从未忘记自己来台的目的。实际上，她之所以来台湾，就是为了采访张学良，然后写一部有关他的鸿篇巨著《少帅》。

她想以1936年西安事变为背景，描绘出张学良一生波澜壮阔的历史画卷。她也想通过这部《少帅》，成功打开欧美市场，向着更高的目标迈进。

可，现实真能得偿所愿吗？

还是冷冷的，如秋雨般凄楚？

或许，命运总爱与她玩笑。

最终，她未能见到被蒋介石软禁的张学良，只能带着一生的遗憾远赴香港。

司马新在1996年出版的《张爱玲与赖雅》中曾说道："张爱玲在台北中途下机，准备对她计划阶段中的小说《少帅》做些资料研究。这篇小说是以众所周知的一九三六年西安事变的历史为背景……当时张爱玲十六岁，在这一感受力极强的年龄，一定把西安事变当作惊天动地的大事。如今她决定将这段历史经戏剧化后写进她的小说中去，而以少帅和他生活中的两个女人为主线……蒋介石撤到台湾时，把张学良也挟持而去，并仍旧软禁起来。看来张爱玲曾要求能与元帅（这时年纪已经不轻了）面谈一次，以期弄清西安事变的细节作为她小说的材料，但是这个要求未被接纳。”（节选自司马新：《张爱玲与赖雅》）

即便不能见面，至少来了一次台湾，看了宝岛的风土人情，她也有了些许欣慰。

1956年，她就有了写《少帅》的念头，但直到1963年才动笔。她从产生这个想法，一直到最终出版，竟历经了半个世纪。

如今看来，《少帅》并不是一部完整的作品。它与《小团圆》一样，都成了张爱玲石沉大海的遗作。即便如此，数十年来，张迷们依然乐此不疲地小心珍读，仿佛越是不完整的作品，就越是具有迷人的魅力。

当年，她想用《少帅》扭转自己的命运，所以通篇以英文创作。然而，繁多的中国人名和历史背景，还是未能打动她的经纪人。最终，这部仅仅三万字的小说夭折了，直到她死去的那天，也未能创作完成，搁浅至今。

那段尘封的往事，如今拿出来回忆，却如美酒般醇香。

假如，她当时遇到了张学良，将心中所存的疑虑尽数抛出，而后的岁月，《少帅》又是否能写完呢？

毕竟，张学良是她多年来崇拜之至的英雄，若是相见，她必然会多了写下去的勇气。

只是，现实没有如果，错过，终究是错过。

爱与崇拜

游赏台湾的那段时间里，她渐渐忘却了在美国时的穷困潦倒。张爱玲沿途走来的路上，云月相伴，和风细雨，曾经被流光掩埋的阴郁，也随着明朗的色调逐渐清晰。

然而，这样快乐的时光并没有支撑多久。很快，她接到了一个远渡重洋的电话。彼时，蓝天白云下仿佛遍布了乌云，骤然间，笼络了她那颗担惊受怕的心。

麦卡锡告诉她，远在美国的赖雅再次中风，如今正在医院抢救。

生活的窘迫，就这样无形间降临到她的身上。她忽然想起来时的画面，赖雅站在夕阳倾泻的玻璃窗外送她，那个曾经无比刚强的男人，竟也会落下泪来。

他是如此不舍得，那么深，又那么刻骨铭心。不过，他也知道，张爱玲一颗去意已决的心，是无论如何也拉不回来的。

他只有黯然神伤，也只有无可奈何。

当窗外的微光散进屋子，他轻轻地睁开眼睛，倦怠瞬间被思念洗净时，才知道自己大限将至，而他深爱的女人还未归来。

半夜的钟声响起，又是一天，又是新的开始。

月光之下，赖雅常常夜不能寐，他多希望第二天睁开眼的一刹那，张爱玲就站在身边，温柔地抚摸着他消瘦的脸庞。

只是，奢望终究是奢望，他无从知晓张爱玲在台湾到底有多焦灼。

若没有接到这个电话，她或许会在游完花莲后，从台东去屏东参观矮人祭，随后搭乘金马号去高雄。

然而，遥远的思念，终使她断了一切游玩的心绪。

她告知王祯和以及陪同而来的舅舅，原先的计划必须彻底取消。如今，她只有一个念想——即刻赶赴台北，找到麦卡锡问清赖雅的近况。

在相思的煎熬和打击下，她的肠胃出了毛病，每晚都要经受肚子疼的折磨。王祯和劝她去药店买些药，却被她拒绝了。原来，她害怕台湾的药店卖的是假药。

王祯和的舅舅看不下去，就找邻居借了一辆自行车，载着她去医院看了病，另拿了几服药。回来的路上，舅舅陪着她逛了一遍草药店。当地医生告诉她，她的腿脚不大好，需要一些草药护理。然而，一向小心谨慎的张爱玲没有听取规劝，她不敢买，生怕吃出病来。

夕阳暮晚，霜红叶残。

台东车站熙熙攘攘，不少旅客穿梭往复，却没有人知道，如今的她心里到底有多复杂。王祯和的舅舅依依不舍地挥手，目送两个人坐上开往高雄的客车。蓦然间，他那颗历经沧桑的心，竟也会小小地悸动。

这个世上，没有人会喜欢离别。毕竟，大家从陌生走到熟稔很不容易，而灿如烟花的邂逅，更是梦与现实交汇的产物。他们匆匆一晤，又匆匆一别，美好的时光就这样稍纵即逝，该有多么伤感呢？

可是，即便再伤感，她也不能留下，因为台湾再美也只是台湾，并不是她的长居之地。

她的心中还有强烈的牵挂，还有一个日思夜想的人。所以，当王祯和与她刚到高雄时，两人又马不停蹄地搭乘夜车到了台北。

那晚，麦卡锡专程派人开车接了他们，之后，王祯和在新生南路下了车，而张爱玲依旧留在车上。

一袭清辉，薄雾漫飘，整条路突然寂静萧条得可怜。

王祯和立在路灯旁愣住了，久久地望向坐在车后座，身穿一抹靛蓝色旗袍的张爱玲。须臾，他仿佛被时光抓住了尾巴，任凭如何抽身闪躲，却一样动不了半分。

蓦然间，他的心底突然生出一个强烈的预感——而今一别，将是一辈子的不得见。直到很多年后，王祯和才体会到，当时浅笑如风的张爱玲，其实内心已经千疮百孔。

——因为，她担心赖雅，快疯掉了！

在没有见到麦卡锡之前，她那颗忐忑的心一直悬得很高。直到听了麦卡锡的述说，她才颇为释然地长吁一口气。

原来，电话是霏丝打来的。麦卡锡告诉她，就在她启程去台北的一个星期后，赖雅也动身乘巴士去了华盛顿。令人没想到的是，他刚到宾夕法尼亚州的比佛瀑布市，就意外得了脑中风，被人送到当地医院抢救。

所幸，如今赖雅无事，早已从死亡的边缘迁回过来。

然而，她却无法立刻回到他的身边，因为她没赚到钱，就连买一张前往华盛顿的机票都是奢侈。在现实面前，她只能妥协，只好屈服于生计的淫威。

张爱玲思索再三，决定前往香港，找她的老朋友宋淇。

当时，宋淇曾邀请她写《红楼梦》上下集的电影剧本，而《红楼梦》一直是她心中最珍贵的瑰宝，她求之不得。况且，宋淇给她的稿酬也很诱人，一共有两千美元左右。

她做下决定后，说走就走。

香港，一个充满冒险和文化碰撞的国际大都市，也是张爱玲的青春时光中充满欢笑和泪水的地方。

细算起来，她离开香港整整有六年之久，只是如今再次回来，竟无论如何也找不回当时置身此地的感觉了。

也许，她老了，早已无法回到那段青葱的时光中了。

也许，香港依旧繁华，而她的心却不得不归于安逸。

这个世上，每个人的命理定数，谁又能说得准呢？

几经辗转后，她在宋淇家附近的东亚旅馆找了一间房子，暂时住了下来。然而，她还没来得及好好休息，就即刻投入到创作中。

在钱财面前，所有人的荣耀与执念都被打磨得分文不剩。也不知道，到底是人变庸俗了，还是生活太过于艰难了。

相比较六年前的自己，如今的她不再是一个人。纵然她的肩膀很弱小，扛不动大风大浪，但为了卧病在床的赖雅，她还是咬了咬牙坚持下来了。

后来，视线模糊了，眼睛流血了，直到于灯光下再也看不清稿子。她才顿觉，忙碌了很多天，眼疾又犯了。

她多希望，在深陷迷途时有人能搀扶她一把，哪怕是一句轻声的慰问，也远比一个人的承受要受用。

有时，她想停下脚步，去外面听听雨声，看看渐渐沉落的夕阳。

可念想终究是念想，被打回现实后，她只能不得已地埋头苦干。每天十点钟，她准时坐在书桌前创作，一直到凌晨一点钟，才倦怠无神地倒在床上大睡。

除了眼疾以外，她的腿也有毛病。大概因为她乘飞机来台湾时，落座经济舱，飞行时间长，座位又狭窄，从而引起了双腿浮肿酸痛的顽疾。况且，她长时间坐在木制椅子上创作，腿脚无法得到锻炼，从而使得双腿的血液循环受到阻碍，恐怕这也是引起腿部疾病的重要原因吧。

那时，她多想有一双宽松的鞋子。因为那样，臃肿的双脚就不用再承受无由来的折磨，她也可以安心地投入到创作中。可拮据的生活还是让她彻底放弃了买鞋子的想法，她只能忍着剧痛，一天挨过一天，想着商场大特价时再买。

每当夜晚快要来临，她独自站在玻璃窗前，俯瞰楼下的一抹霓虹灯光。有时，她常常幻想，赖雅就住在楼下的某个房间里，而他们的距离并非遥不可及。

然而，当夜晚的冷风吹乱她的发髻时，张爱玲才醒过来，打个寒战后，又被现实狠狠地拽回屋子中。

彼时，她的心不是不疼，而是针扎的，微弱地抽搐。

在这段时间里，她曾给赖雅写了六封家信。如今看来，信中的每个字都流露出她捉襟见肘的窘境。

“试试看找一个小巧便宜的公寓吧，暖气不是问题，但不要爬太多楼梯；厨房呢，最好可以用餐桌延伸到另一个房间。我现在起得早，所以没有时间冲突的问题。况且我现在可以很快地出门了（因为眼睛的毛病，我不能戴隐形眼镜，也不能用化妆品了。）只要天气好随时可以出去走走。据我所知，我们的运气会在六三年中好转，可是我却为了如何度过六二年而失眠。美国航空不直飞华盛顿，所以得在纽约换机，我原想顺便到彼得堡去拿我的箱子，带回华盛顿去拍卖，不过所花的旅费可能超过那口箱子的价值，所以作罢……甜心，爱你，期望三月初能回到你身边。如果能赶上二月三十日的班机的话。你还疼吗？告诉霏丝我爱她。”（节选自西岭雪：《张爱玲传》）

这封信写于1962年1月，若不仔细看，我们无从察觉她的异常。直到，当我们看到2月30日的字样时，才恍然大悟，原来2月根本没有这一天。

难道是她弄错了，还是刻意为之的玩笑？如若是不经意间的错误，她又为何将前五封信的地址写乱了？

也许，她太累了，故而在某个赶稿的夜晚匆匆写下这封信。

须臾，落笔，释然。

她抬起头，望向月明星稀、乌鹊南飞的远方。蓦然间，她才顿觉，在香港的日子终究漂泊无定，而回归美国的时间，则遥遥无期。

赖雅曾半开玩笑地告诉她，她在信中言之凿凿的班机起航日期，不过是拖宕他的借口。未来，他不再对她的到来抱有任何幻想。而今，赖雅的病逐渐康复了，他打算定居华盛顿。若张爱玲不再回来，他便想在此孤独一生。

赖雅在霏丝的帮助下，在她家的附近找了一座比较满意的公寓。后来，赖雅曾在信中向张爱玲描绘了房子的蓝图。

原来，在没有她的时光里，赖雅开始变得坚强，不再沉迷于思念的罅隙中。他对张爱玲的爱依旧汹涌澎湃，只是那种深刻的爱已经潜移默化到了骨髓中，并非世俗中肤浅的表象所能尽数表达。

后来，张爱玲给他回信说：

“你的来信加上那张蓝图真让我开心，那就是我真心想要的家。上星期天终于完成了第二集，可是眼睛因为长时间工作，又出血了……我预计可在三月十六日离开香港。不过到时候情形跟现在的可能差不多，因为不可能马上拿到稿费，所以我的钱要留在身边付机票的预付款。你可以维持到三月二十左右吗？……医生已安排了一个十二支针剂的疗程，治疗我眼睛不出血的毛病。为了填满这几天的空档，我替MCGARTHY出版社翻译短篇小说，一想到我们的小公寓，心里深感安慰，请把钱用在持久性的用品上，不要浪费在消耗品上，如果你为了我去买些用品，我会生气的，不过，一个二手的柳橙榨汁机不在内。我最需要的是一套套装、一套夏天的西服、家居服一件、一副眼镜，大概不超过七十美元，可是得等两星期才能做好，又得先付钱……”

（节选自西岭雪：《张爱玲传》）

在这封信中，我们看到了一个为爱情奋不顾身的张爱玲。

她太爱赖雅了，以至于每句话、每个字都经过精心揣摩。她知道，赖雅以往花钱大手大脚惯了，如今到了没入黄土的年纪，他仍旧不改，以后他也不定能改。

然而，她却没有严厉呵斥，只是以一句“请把钱用在持久性的用品上，不要浪费在消耗品上”轻描淡写地告知他。

一个“请”字，在两夫妻之间，竟变得那么生疏。她为何要这样小心翼翼，难道怕赖雅不高兴吗？

那段时间里，她用血泪换来微薄的薪酬。而远在美国的赖雅，却不懂得疼怜她，只是信手妄为地买东西。仿佛，那一笔钱财，本就是很容易赚到的。

这辈子，她一共爱过两个男人。

如果说胡兰成给了她一段青涩的爱情，还未开花就结了果。那么赖雅，就是帮她重塑完爱情美梦后，又将之毁灭的破坏者。他对待张爱玲纵然一心一意，但他却给不了她独一无二的爱。

后来，当赖雅在美国收到这封回信时，还曾在日记中写下这样一段话：“真好，她喜欢我描述的公寓！只是她被那部香港电影缠住了，不得不等着拿到钱后才回来。她已经很累了！又孤单又疲惫，想回家，她说最迟3月中旬会回来。这好像给我打了一针强心剂。无论是收到爱玲的信还是寄信给她，都是一种快乐。”

不论历经多少岁月，他都会等下去。因为他知道，在遥远的东方，始终有一个人想着念着他。有时，在无人的夜里，他常冥思苦想：也许她被凡尘庸事所叨扰，故而抽不开身吧。

他爱张爱玲，爱得近乎疯狂，所以他的等待会经得起时光的考量。

远在香港的她，一样思念着赖雅。她在上封回赖雅的信中说，打算把存放在彼得堡的古董卖掉。而这一次，她又很委婉地告诉他："不是为了我自己。"

是啊，她若只顾自己，就不会没日没夜地工作，害了眼疾，伤了腿脚。

这么多年来，她一直勤勤恳恳，只想给他一个美好的家，守候一份来之不易的爱情。纵然每天的辛劳已让她疲惫不堪，但她还是抹干眼角的残泪，浅笑如风地说："甜心，快乐些，吃好点，健康点，很高兴你觉得温暖，我可以看到你坐在壁炉前的地上，像只巨大的玩具熊。附上我全部的爱给你。"

温暖的话语，就像一抔花瓣洒过来。清香之余，亦带着满满的爱。

她若不是赖雅的妻子，旁人乍看，定会误以为是母亲对儿子的关切。张爱玲就是如此，充满了母性和至诚，她用满腔热忱，融化尽赖雅心间的寒冰寒霜。

在华盛顿的那段时光里，没有她的存在，赖雅徒余一个人的凄凉。他生得高大肥胖，光秃秃的头顶也不见一寸毛发。在大多数人的眼中，他不过是一个黄昏渐近的老头。

他所居住的公寓在第6街105号，名为"皇家庭院"（Regal

Court），虽然名字听起来很高端，但实际上只是一个简朴的容身之所。

年迈的赖雅走不了远路，只得在公寓附近活动。还好，国会图书馆就在附近，他每次都会绕过不同的路线，去看看别样的景色，感悟另类的鸟语花香。看书，成了他等待张爱玲的一种生活方式，也成了他日后岁月里永不凋零的花。

1962年初的一个黄昏，夕阳拉长了他佝偻的背影。在国会图书馆的山下，清风漫过荒草，扑向戴着扁帽，一派欧洲绅士模样的赖雅。如果不是岁月赋予了他长长的皱纹，只看晚霞下的剪影，竟让人觉得是二十几岁的小伙。

也许，在别人眼中，他博学多识，又成熟稳重。但在张爱玲的心里，赖雅永远也长不大，总是带着小孩的稚嫩。

当他看到张爱玲的回信时，一直对那个愚人节似的玩笑耿耿于怀——2月30日。多么可笑的日期，即便等到咽气的那天，他亦然无法等来。他像孩子一样苦诉着自己的等待，甚至略带嗔怪地告诫她："这是无期限延后。"

钱，如此庸俗得字眼，终究跳跃到赖雅的心里。

他发疯般地追问，是不是张爱玲花光了钱，在香港那边迫于生计。他还想给她寄过去一点，以备不时之需。

然而，倔强的张爱玲怎会应允？

十天前，张爱玲因支付医药费和生活费，迫不得已向宋淇借了一些钱。在漫长的等待稿费的日子里，她又无可奈何地硬着头皮借了几次，直到最后，宋淇宁死也不借。另一方面，她与宋淇夫妇就稿费的事情也发生了冲突，维持了十几年的友谊就这样出现了裂痕。

如果不是为了赚钱，她断不会留在香港这么久。若是以前，赖雅未出现在她的生命中，她对香港多多少少还有些留恋。但面对冷傲的电影公司老板，面对供奉了十几年却依旧因钱徒生嫌隙的好朋友，她突然很失望，也受够了这个地方，竟想立马回到赖雅身边，就这样平平淡淡地过一辈子。

而这一切，是她始料未及的。

她太累了，近乎绝望，身心都受到了巨大的冲击。香港，纵然是一个繁华的大都市，但却容不下她半分。生活穷困、人际冷漠、事业不成，恍如恶魔一样缠绕着她。清晨天还未亮，她就被噩梦惊醒，进而再也无法安眠。

翻看那张沉入历史山谷的信笺，我们依稀可以看到这样的文字：

> “是因为要多赚八百美元——我称它为‘有回报的两周’。我工作了几个月，像只狗一样，却没拿到一分酬劳，那是因为一边等，一边修改的缘故，为了省时间，所以许多剧本会在最后一分钟完成。刚完成第三和最后部分的大纲，并且刚要送去宋家，想在农历年前给他完成审稿，因为过年期间他会

很忙，加上一个星期的诉讼案，根本找不到他的人。我真为你感到骄傲，能找到这么适合，这么便宜的公寓，真惊讶你是怎么做到的。从来不认为你是浪费的，然后逼你只能买家用品，你的弱点加上我的小小的恨意。目前请不要对我如此超级敏感……为了1963年的运势，我简直要急疯了……”（节选自西岭雪：《张爱玲传》）

她对赖雅说话总是那么“客气”，每次开口，必然要加一个“请”字。也许在俗人眼中，若他人对自己客气，定有疏远彼此关系的意思。但张爱玲与赖雅却恰恰相反，因为她太爱赖雅了，以至于讲每句话都要小心斟酌。

在香港工作的这段日子里，她太累了，快疯掉了，整个人都跌入到谷底。如今没有赚到多少稿酬，若要再受到赖雅无端的折磨，她肯定会痛苦死。现在，她心中积聚的压力，足可以开山劈石了！

在海岸的另一端，水晶收到了她寄过来的信笺。张爱玲几分玩笑地告诉她，在香港住的地方能听到鸡鸣。水晶马上把信递给王祯和，有点不服气地说，她曾在香港住过，繁华的大都市里是不可能养鸡的。

然而，对张爱玲百分之百崇拜的王祯和却不服气，非要找证据辩驳。也许，他从那时起就开始像追星一样迷恋着张爱玲，任何说她坏话的人，王祯和都会反驳过去。

几个月后，她从香港回到美国，专程给《记者》杂志写了一篇游台观感。那是她在故土留下的最美好的记忆，就像浮游在蔚蓝天空上的白云，美丽又动人。

杂志上市后，她曾给王祯和寄过去一份。当水晶看到那一串醒目的英文标题时，突然愣住了，指着“Back to the Frontier”（译为《回到边疆》，也可译为《回到前线》）的题目说，张爱玲怎么能说台湾就是边疆呢？

其实在这篇文章中，她不仅提到了“frontier”，还说起了台湾有臭虫。沉寂在张爱玲文学世界里的王祯和并未注意到“臭虫”的字眼，他只是觉得整篇文章行云流水，颇有大家之风。直到他听到水晶的抱怨后，才有几分忧虑地蹙起眉头，决定将一篇骂张爱玲的文章寄给她看。

王祯和之所以这么做，无非是想向张爱玲抗议一下。

在故土的诸多作家中，居住香港的徐訏是最不喜欢张爱玲的一个。恰好，王祯和寄给她的文章正是徐訏写的。

没想到，当她看到那篇抨击自己的文章后，却没有产生多么大的情感波动。她只是轻描淡写地给王祯和回了信：“臭虫可能是大陆撤退到台湾来的。”

显而易见，她已经向王祯和说明了原因。也许，她还在为没能见到少帅张学良的事情而耿耿于怀。也许，她一直想为自己的偶像打抱不平。但不管出于何种原因，张爱玲对国民党当局的态度从未变过，一直以来都充满了不屑或不满。

很多年过去了，她老了，再也没有青春的容颜。而王祯和，仍旧死缠烂打地崇拜她。彼时，他对张爱玲的痴迷，已经超出了喜欢，甚至到了走火入魔的地步。

在零星的时光里，但凡他能捕捉到与张爱玲有关的人和事，都会第一时间告知她。那时，绵延悠长的海岸线仿佛没能阻隔住两人的交流。他们的距离，也因思想的融合而越来越近。

大学毕业后，王祯和曾在台南亚洲航空公司、台北国泰航空公司工作。那时，他坐飞机去一趟美国根本不是难事，而在他心中最难的事情就是见一面偶像张爱玲。

夜色渐深，四周归于安逸。

他沉思了很久，才给张爱玲写了一封信。王祯和几分恳求地告诉她，他想去波士顿看她。没想到，他还未从忐忑的情绪中缓过神来，张爱玲的回信很快就来了。她很开心地说，很欢迎，但她住的地方很小，恐怕不能安排他住下，所以只能让他屈身于小旅馆了。

若能见到她，小旅馆又何妨?

那是他第一次出国，也是第一次去异域他乡见一个很崇拜的人。然而不巧的是，当王祯和来到纽约后，却意外地在长途车站迷路了。他翻来覆去地在地图上寻找“灰狗”巴士站，又接二连三地拨打张爱玲的电话。

也许是命运的挑拨，也许是上天的捉弄。最后，他未能找到任何有关她的讯息，而那次海外之旅，也成了他终生的遗憾。

后来，张爱玲曾给王祯和写信说，她一直在家中苦等，到第二天，头疼了一天。看到这些字，王祯和格外内疚，常常扪心自问，若当初没有从海外匆忙回来，而是再努力地寻找一下，说不定就能见到她了。

不过，他没有就此灰心，坚信未来的某天一定能再次见到她。

数年后的一天，王祯和坐上飞往美国的飞机，要去爱德华国际工作室做一次调查研究。他到了美国之后，还未安稳下来，就马上给张爱玲写了一封信，说想立马去见她。

然而，此时的张爱玲已经人老珠黄，皱纹纵横交错的脸上也深深烙上了岁月的痕迹。她是一个那么重视自己样貌的人，更不许最好的朋友在她年老色衰时见到她的模样。

她想在别人心中永远留下美好的记忆，就像一朵不凋零的花，即便到了秋冬季节，依然可以骄傲地盛开。所以，她没有答应王祯和的要求，只是回复了一封信："你应该了解我的意思。"

起初，王祯和一点也不了解她的意思，而且时常思忖自己到底哪里做错了。

直到多年后的一个黄昏，他才在夕阳晚照的湖畔顿悟："后来没见面是对的，让我记忆中的她永远是青春的一面。"

1987年，王祯和坐在"台视"的录像室中，第一次向世人完整地讲述了他心目中的张爱玲。而那时，距离他初见张爱玲，已经整整过去了二十五年。

往昔的故事，就像一幕精彩的电影。他深深陷在里面，也带领无数的观众走进那段青葱的岁月之中。大海那样蔚蓝，天空那样澄净，就连浮游的一抹云霞都美得难以言表。

他彻底掉在了时光的罅隙中，情不自禁地慨叹一句："这些事情想起来，真温暖……真是奇怪，我真的能把她的每一件事、每个动作、说的每一句话都记得清清楚楚，包括她喜欢戴的大耳环……"

或许，张爱玲在他心中成了神，无论何时，无论何地，谁都无法抹去那段记忆。她的笑，她的冷，她的一举一动，终将汇聚成流光中最美的画面。

你是我的依靠

张爱玲很要强，就像一朵孤傲的梅花。即便天空飘满了白雪，大地结满了寒冰，她也不会怨天尤人，反而会坚强地战胜一切挫折。

那时，赖雅是她最强大的精神依靠，因为除了他，这个世上再没有人能让她体会到人间的温暖。她没有太多的奢求，只希望赖雅能健康地活着，一直等到她回美国的那天。

可遥远的距离，还是让他们产生了猜忌。赖雅无比恐慌，每个夜里都在揣度，那个长发轻飘的东方妻子，会不会踏着溶溶月色而来？还是，真如他人所说，她一去，竟不再归来了？

想着想着，他沉沉地在梦里熟睡着了。

往昔，那些破碎了的故事，仿佛被施加了魔力，居然奇迹般缝合好了。

她写累了，伏在案上轻闭眼睛，一阵阵鼾声恍如沉闷的笛音。赖雅悄悄走到她身边，为她披上一件外套，又蹑手蹑脚地回到客厅，承担起家中所有的俗务——购物、记账、寄信、交房租、换保险丝等。

也不知从何时起，最风流、最逍遥的赖雅变了模样。他不再是一位世人谣传的花花公子，反而担当起家里的所有杂事。相较之以前，他不知要快乐多少。

或许是张爱玲的到来，才让他渐渐懂得了情为何物。

纵然赖雅白发赫然，无法像小年轻一样为了理想奋不顾身。但是，他却从未放弃心底最执着的坚守。他不想死去的那天，只是化作一缕青烟，留不下任何有价值的东西。

因此，他一直窝在书桌前，没日没夜地奋笔疾书，只盼有朝一日能写完《克里斯汀》。然而，这个愿望就像一个梦，他渐渐睡死在梦中，直到再也没有醒来。

在众多“张迷”的心中，赖雅是张爱玲爱错的第二个人，也是最后一个人。相比较胡兰成的“狼心狗肺”，赖雅明显要绅士很多。只是，他除了绅士以外，还有一个挥霍无度的毛病。

也许，那是他年轻时种下的祸根，所以直至老态龙钟，依旧无法改变。但这并不是他的错，因为一个人一旦习惯了一种生活方式，就很难改变。

世人都说，张爱玲在美国的穷困与赖雅脱不了干系，因为若不是为了照顾他，也许张爱玲会生活得更好。

然而大家所不知道的是，他们的清贫是相对的。虽然他们无法与大富大贵的人相比，但却比小资生活好太多了。

赖雅有一个写日记的习惯，他曾在本子中记下了平时的食谱。当我们翻开那些旧文旧事时，依旧能清晰地看见当初张爱玲生活的点点滴滴。

借着流光的剪影，拉开那张长长的菜谱——葡萄酒、汉堡包、鸡肉派、意大利比萨、蛋糕、沙拉、意大利菜肴、牛奶加麦片、现煮咖啡……

种类丰富的食物，多种多样的菜肴，不论是谁，只要看看就会有吃的欲望。

且不说那个物资匮乏的年代，单单是如今还算富裕的中国城市居民，也不一定吃过赖雅列的清单上的所有食物。

可见，他们的生活并非一贫如洗。而那些极端放大张爱玲清贫的人，又是否能客观准确地看待她的一生呢？这个世界上，生活就是生活，没有小说中写得那么凑巧，谁都不会碰到全世界独一无二的好，亦不会碰到全世界独一无二的坏。

至少赖雅对她的爱是纯洁的，亦是一心一意的，他们爱得那么轰轰烈烈，而我们又有什么好抨击的呢？

农历年快到了，电懋公司的明星官司也总算有了眉目，眼下一切趋于安稳。不过，张爱玲却没有等来那个好消息——电影《红楼梦》开拍。

对于这件事，宋淇一直持着搁浅的态度。张爱玲不知他心中所想，但凭宋淇口风大体可揣度，电影《红楼梦》已无望开拍。

首先，他曾告诉张爱玲，邵氏公司要抢在他们前面拍《红楼梦》。其二，宋淇又私下请了一个姓李的编剧吃饭，这不明摆着有换掉张爱玲的意思吗？

如果换做别个电影剧本，也许她不至于这般心力交瘁。但《红楼梦》是她无数个日夜凝聚出的精华之作，她满心欢喜地等待孩子的降生，却在某天知晓孩子夭折，身为母亲的她怎能不伤心欲绝呢？

到了2月底，她顺利写完了新剧本。电懋公司的老板看到后，大为欣赏，说要留她在香港多待些日子，还想让她多写几部电影作品。

然而，这座浮华又奢靡的城市，早已不是她心神向往的桃花源了。朋友、爱情，像玻璃杯一样落在地上，摔成水晶般散乱的梦。

原本，她曾有无数的期许，而今却被现实冷冷地打回了原形，直到再也不抱任何希望。她想离开，想回到有赖雅的那座城市，想陪他走完人生中的最后几年。然而，窘困的生活终究让她妥协，让她屈服，直至无能为力。在月色渐沉的寂夜中，她恨不得定下3月2号的飞机票，立马逃离这座让她厌烦透了的城市。

可是一想到未来食不果腹的生活，她的心就微微一怔，两颗晶莹的泪痕止不住地下坠。借着幽暗的天空，她扪心自问，若就这样一走了之，将如何照顾赖雅的后半生？

这个世上，钱不是万能的，可没有钱又是万万不能的。终于，她在轻叹一声后，答应了老板和宋淇的要求，决定暂留两周。

那时，她没能拿到《红楼梦》电影剧本的稿酬，而且身上所余的钱财亦不多。若不是为了给风烛残年的丈夫一个好的将来，也许她早就甩手而走，不复再来。

张爱玲提出，要去宋淇家将就数日，两周后就回美国。对于要强又自尊心极度强烈的她来说，这一个决定是充满了挑战的。

可是，她又有什么法子呢？

朋友之间生了猜忌，彼此间再没有往昔的信赖。这样的敌人，远比陌生人更可怕。然而，她在香港已经无依无靠，寄居宋淇家，要比露宿街头好得多。

长吁一声后，她咬牙搬了进去。

后来，张爱玲曾几度惶恐地回忆这段往事："对我和宋家都是一场灾难。"

蓦然间，阳光洒满的房间顷刻间遍布了乌云，她期许的穿破长夜的光芒，终究被电闪雷鸣所取代。一个人的萧条，一个人的落寞，也是一个人的凄凉。

潇潇暮雨中，她独坐在屋檐下听那清脆的淅沥声，怅然的心绪，不自禁被哀伤的画面勾起——她爱得死去活来的丈夫老了，被时光冲淡的婚姻即将破灭。人过中年，她仍旧租赁公寓，央求别人赐予工作，有时竟然连生活费都要依仗别人。她倾付一生的梦啊，是否从今而起，仍旧遥遥无期呢？

须臾，她从回忆的罅隙中缓过神来，任悲凉的冷风扫过那张焦黄的脸。

元宵节的前夜，月华朗照，星辰闪耀，她站在东亚旅馆的阳台上，静静眺望天空中唯一一轮似玉盘的亮红月色，落寞之感，难以言表。

书桌上，那封墨迹未干的信仍旧放着。多年后，当我们穿过历史的天空，执起那张泛黄的信笺细细品来时，几行凄楚的话，就这样跃然纸上：

“跟宋家借钱是件极痛苦的决定，而且破坏了我们之间的一切，我无法弥补这种艰难的关系。

……宋家冷冷的态度令人生气，尤其他认为我的剧本因为赶时间写得很粗糙，欺骗了他们。宋淇告诉我，离开前会付新剧本的费用，言下之意是不付前两部，即《红楼梦》上下集。当我提议回美国再继续修改时，他们毫无回应……

我无法入眠，走到阳台，站在一轮红红的满月下，今夜是元宵节前一天，他们已不是我的朋友了，不过我会从如此恶劣的交易中存下几百元。我打算再留两周，跟他们协商后续问题，按原定计划三月十六日离开。”（节选自西岭雪：《张爱玲传》）

或许，美国才是她的家，而香港在她心中，早已化为挥之即去的白云了。这一次东方之旅，终究随着她心潮的低落而宣告失败。

多年后，她一举成名，台湾的《中国时报》想邀她赴台一见，张子静也写信劝她来上海看看。然而，当一颗心随着流光逐渐冷却后，即便再加温，又怎是当初的温度呢？

她不想再回去，也不想看到那些旧物旧人。她想放逐自己，在海浪绵延无垠的另一端，静静走完此后的岁月。

3月16日，张爱玲从香港出发，中途在旧金山转机，直到18号才能顺利抵达华盛顿。彼时，春风如同一首温暖的歌飘荡在赖雅的心中。他太激动了，当夜竟开心得辗转难眠。

17号的清晨，他再也按捺不住焦灼的心绪了，也不顾霏丝的劝阻，急匆匆赶赴机场。也许，久别后相逢的喜悦，不论对谁来说都会溢于言表吧。况且，赖雅对张爱玲的依赖已深入骨髓，如今，他早已离不开这个黑发黑眼睛黄肌肤的妻子了。

又是一天，朝阳初升。晨辉穿过透明的宽大玻璃窗，倾泻在这位头顶光秃、胡须苍白的老人身上。他冷不丁地打了一个寒战，叫醒半睡半醒的霏丝，很激动地说："霏丝，她该来了，我一会就能见到她了。"

中午时分，天空突然暗下来，大风飞扬，卷起马路上的尘沙。赖雅有几分担心地蹙起眉头，他害怕张爱玲出事，也害怕飞机中途遇到问题。

那时，他的心除了激动以外，更多的是担心。

不一会儿，在出站口金光的遮蔽下，他看到了一位身穿旗袍、戴着墨镜的中年东方女子。张爱玲摘下眼镜，像少女一样张开双臂。他扑上去，也不顾及别人的目光。

温暖，一如当初的温暖。赖雅默默噙着泪花，自顾自地想着：她没有变，还是那个让他百般着迷的才女，也是那个让他一辈子都难以忘怀的东方爱人。

彼时，霏丝的眼眶也湿润了。她不知为谁而哭，或许，她的泪不只是为一个人，而为一段情。一份跨越年纪，跨越国籍，又跨越世俗的情。

再次回到这里，她仿佛解脱了一般，猛然生出一种劫后重生的感觉。赖雅在信中精心描绘的房间远比她想象中的要好，而且环境优雅，构造既简单又幽静，很适合创作。赖雅还颇为兴奋地告诉她，房子附近有一座图书馆，叫国会图书馆。这座图书馆是1800年建造的，藏书量已过亿册，全世界大大小小的书都有。

张爱玲无比开心，她现在最想做的事就是看书，而如今的家刚好满足了她小小的愿望。她很明白，其实这一切都归功于赖雅。若是没有他，也不会有那么多既现实又即将实现的梦。

稳定下来后，她去国会图书馆办了一个借书证，剩下的日子里，她想好好创作英文小说《少帅传》。他们申请的看书座号挨着，所以每天清晨，两人都会结伴来图书馆看会书，下午时分，再去集市逛逛，看看有没有要买的蔬菜瓜果。

若是到了周末，便是两人最欢乐的一段时间。他们会常常光顾电影院，将近期上映的电影恶补一下。

因此没过多久，他们就把格里高利·派克主演的《杀死一只知更鸟》、马龙·白兰度主演的《丑陋的美国人》、费雯·丽主演的《人约黄昏后》等多部电影看完了。

赖雅年轻的时候就是好莱坞知名的编剧，对于电影，他有绝对的发言权。然而张爱玲亦不是门外汉，她也给香港电懋公司写过不少剧本。只不过有差别的是，赖雅的诸多剧本原创性极高，而她只是为了养家糊口，巧妙地改编了不少美剧而已。

年轻的时候，赖雅有很多文学朋友。多年后，他们都功成名就，只剩他至今碌碌无为。其中，布莱希特就是他很要好的一个朋友。那天，他曾带着张爱玲看了布莱希特的名剧《三便士歌剧》。在剧场，他还饶有兴致地告诉她，布莱希特还有一个有关中国农村题材的剧，叫《四川好人》。

赖雅说，布莱希特从未到过中国，他自幼有先天性心脏病，不宜外出旅行，所以读书创作成了他唯一的兴趣。小说名字之所以取为《四川好人》，极有可能与他博览群书的习惯有关。

张爱玲很钦佩赖雅口中的布莱希特，但她却不知道，布莱希特就是赖雅最好的朋友。他只字未提那些往事，而张爱玲也不便多问。

直到有一天，他那张洋溢笑容的脸紧绷，沉睡过去再也醒不过来，张爱玲才从他的遗物中发现，原来他和布莱希特写了那么多信，每个字每句话都是好朋友之间的相互寒暄。

垂暮之年的赖雅彻底老了，走不了远路，也做不了剧烈的运动。此时，他唯一的爱好就是缅怀故友，回忆那些被时光揉碎的故事。

他喜欢坐在书桌前，打开一封封信笺反反复复地诵读，也喜欢翻开破旧的影集，用老茧纵横的手抚摸那一张张泛黄的相片。

那些人，或是死去了，或是正在赶往天堂的路上。而他，不久后也将去找他们，只是他不知道朋友们在那头是否还认识他。

从往昔的思绪中沉思了良久之后，他才默默地念想着：路远天险，但愿一切安好。

这一年，赖雅七十岁。

他似乎察觉出了生命的脆弱，又似乎对某一天的离开充满了恐惧。如今，他对张爱玲格外依赖，即便偶然的一次外出散步，他也会小心郑重地记录下来："走向他的家，他的爱，他的光明！"

那段日子里，他生活得很快乐，也胆战心惊。

有一次，张爱玲外出办事，很久都没有回来。他担心极了，在房间里来回踱步，以作家固有的思想天马行空地揣度。他太爱她了，所以才显得那么在乎。直到那一扇紧闭的门被打开，张爱玲抱着一个崭新的毛毯走进来时，赖雅才释然地露出笑容。

原来，她是去买毛毯了，并不是离家出走。

当天晚上，他盖上张爱玲新买的毛毯，一边倚着枕头，一边随意地翻阅杂志，不知不觉间，竟朦朦胧胧地睡着了。在他的梦里，张爱玲幻化成一只蝴蝶，不论他走到哪里，蝴蝶都轻拍着翅膀跟随。

那晚，是他步入晚年后睡得最踏实的一夜。

张爱玲不喜欢去霏丝家做客，也不喜欢当别人的后妈，更不喜欢认一个与自己年龄相仿的人做女儿。也许，在她的童年阴影中，后妈是一个可怕的身份，她无论如何也想不到，多年后的自己竟也变成这个角色。

霏丝是一个孝顺的女儿，平时很关心父亲的健康状况，所以隔三岔五地打过来电话。赖雅经常去霏丝家做客，几乎每个星期都要去一次。不过，张爱玲却不爱去，常常一个人闷在房中煮点东西随便吃。

直到有一天，霏丝打过来电话说，想请她和赖雅来家中参加一个家庭派对。她本想拒绝的，但热情的霏丝接二连三地邀请她前来，最后她只好答应了。

那晚，偌大的房中聚集了很多年轻的孩子。他们或是打闹，或是吵嚷，抑或是在房中来回追逐。当紧闭的房门打开，灯光洒过来，映着她那张白皙如玉的脸。彼时，所有人都惊住了。他们没想到，已过了四十岁的张爱玲竟如此年轻，又如此风韵犹存。

她穿了一件用母亲的大围巾改成的斗篷，走进洋溢着笑容的人群中。此时，所有人的目光都落在了她的身上，若不是霏丝介绍，那些第一次见她的人竟认为是某个好莱坞影星。

确实，那时的张爱玲像极了五十年代的当红女星。她的美丽，她的妖娆，就像一幅美丽的画卷，永远定格在那天。

张爱玲不是一个冷漠的后妈，也并非厌恶和排斥霏丝一家。她只是觉得身为长辈，总应该为晚辈做些什么，而不是让晚辈长年累月地照顾自己。况且她还年轻，年纪也与霏丝相仿。所以，她那膨胀的自尊，是不允许任何人践踏的。

然而，此时的她又能做些什么呢？她和赖雅的生活举步维艰，虽然算不上“举家食粥酒常赊”，但也能用“三餐无荤”来形容。在这样的家庭境况面前，她怎会不对霏丝愧疚呢？

1962年7月26日，赖雅迎来了七十一岁的寿辰。

他们自结婚以来，张爱玲从未用心给赖雅过过生日，即便是她自己的寿辰，也是赖雅一个人张罗。那时，她一门心思扑在创作上，尘世间的琐事俗事也似乎与她无关。

自上次东方之行以后，她才深刻体会到情之可贵。她时常想，有些梦可以慢些实现，但有些人却是等不得的。毕竟赖雅老了，也没有多少日子可以过了。她若再执迷于未有曙光的梦，日久天长，等赖雅走了，有她后悔的！

当天清晨，还未等朝晖洒进屋子，她早早地起了床，一把揽住赖雅的脖子，问他要怎样过这个生日。两人商议了很大一会，决定去华盛顿附近的小城巴尔的摩吃海鲜。

在他们穷困的日子里，去吃海鲜俨然成了一种奢侈，就像旧中国时期穷人家过年吃上饺子一样令人兴奋。

两人坐上大巴，任和煦的风轻轻划过彼此的脸庞。那时，温暖的不只是阳光滋润的皮囊，还有他们相互关照的心房。一路上，阳光、清风、绿草地、树林，像梦境一般飞进他们的眼中，仿佛演绎着一段段浪漫唯美的电影。

他们不再算计生活开支，在市中心的饭店点了“帝国蟹”和“软蟹”。实际上，这两种海鲜都是赖雅喜欢吃的，这天是他的生日，张爱玲愿意为了他而妥协。

吃完饭，天色渐渐暗了下来，夕阳即将没入高耸的大楼，向一片汪洋大海中沉去。赖雅在餐厅意外碰到了老友克兰，克兰见两人初来乍到，便开车载着他们围着整个小城转了一圈。

彼时，笑声、歌声、风声，像优美的音乐围绕在三人身边。张爱玲已经记不得多久没出来玩了，而今她和赖雅就像在一场梦中走了一遭，怎会不开心呢?

爱人长眠

1962年12月，一场无形的灾难降临到赖雅的头上。他患了疝气，必须要进行一次手术。那天中午，张爱玲足足在手术室等了两三个小时，才看到护士推着手术车从房中走出来。

在门外等候的时间里，她很怕老天开一个巨大的玩笑，从她手中夺走这辈子最爱的男人。毕竟赖雅的年纪很大了，随时都有离开的可能。

直到昏沉的房门大开，一道亮光袭来，在舒缓行进的手术车上，她看见他微微眨着眼睛，手指还有知觉。直到那时，张爱玲才松了一口气，竟像中了大奖般释然地笑了。手术花了四百多美元，而这笔钱对于他们来说是一笔很大的开支。

赖雅心疼极了，他在住了几天院后，还没好利索，就立马和张爱玲商议出院的事宜。他一直都明白，如今家中的生计全压在张爱玲的身上。他不想让她太累，也不想让她没日没夜地操劳进而累垮了身体。

从那以后，张爱玲成了家里唯一的顶梁柱。试想，一个曾在文坛上呼风唤雨的女作家，突然有一天归于平庸，像其他女人一般洗菜做饭，还要与商贩讨价还价，这是何等的身份落差?

可是为了赖雅，她觉得一切都是值得的。况且，早年她与姑姑一块居住，本就是一个人生活，任何苦累她都挺了过来，今时今日，亦没有觉得委屈。

张爱玲很爱干净，也很注重自己的装扮。每天晚上，她照旧涂抹各种护肤水，有时还会烫发，让赖雅打下手。到了白天，若是忙得不可开交，她常常会碰到各种磕磕绊绊的倒霉事。

要么碰掉了冰箱门，要么把钥匙忘在了家中，抑或是买东西算错了钱……

她不是一个丢三落四的人，但在高度紧张的生活节奏中，即便是一个正常的人，也总有变得不正常的一天吧。

1964年6月20日，一架民航客机在台湾中部失事。这件看似与张爱玲无关的事情，却像梦魇一样把她拉到了人生的低谷中。

原来，客机上乘坐的人叫陆运涛。他是电懋公司最大的投资者，也是新加坡某财团的总裁。他的离世一下子让正处于壮年时期的电懋公司乱了军心，也使张爱玲断了收入来源。

宋淇本是电懋公司的制片人，曾在影坛叱咤一时，可如今公司的财政出现了危机，他又无法掌控大局，故而不得不另谋出路。

那时，张爱玲曾给电懋公司写了一个改编自《呼啸山庄》的电影剧本《魂断离恨天》，因为发生了这件事，电影的拍摄也随之石沉大海。

两个人的生活，再次跌入暗黑的地狱。

在艰难的抉择面前，张爱玲痛定思痛，打算搬进“肯德基院”。这个地方位于黑人区，是政府为贫民特意腾出的廉价房租赁地段。可即便是便宜，他们也必须交房租。因此，扣掉房租，再加上平时用的、吃的、穿的，又是一笔巨大的开支。而那时，他们早已没有多余的存款了。

眼下迫在眉睫的事情就是挣钱，已容不得她多考虑。在几经打听之下，张爱玲找到了麦卡锡。此时，麦卡锡正在美新处工作，就住在华盛顿。他帮张爱玲物色了很多翻译的工作，其中最重要的工作就是为“美国之音”编写广播剧剧本。

此后的三年里，她改编了很多剧本，从莫泊桑、亨利·詹姆斯的佳作一直到苏联的著名作家索尔仁尼琴的成名作《伊凡生命中的一天》，无不涉猎。

那段时光里，她读了很多书，有的是被迫读的，而有的则是喜欢读的。如果说写广播剧只是为了赚钱，那读书则是为了充电，因为世上的任何一个作家都需要厚积薄发，她也不例外。

张爱玲在“美国之音”栏目的负责人叫高克毅，是一个生于美国的美籍华人。他对张爱玲第一次交稿时的样子记忆犹新，多年后曾在《请张爱玲写广播剧》一书中这样描述两人初见时的画面：

“果然是一位害羞、内向的女作家，她不肯涉足我们的办公室。我接到外边接待处的电话，出来迎接，只见一位身段苗条、身着黑色（也许是墨绿）西洋时装的中年女士，在外厅里徘徊，一面东张西望，观看四壁的图画。那天我回家告诉太太，梅卿说：‘啊呀！爱玲是我在上海圣玛利的中学同学呀。’当时我们就跟她接头，要请她吃饭聚一聚，可是被她委婉而肯定地推辞掉。”（节选自高克毅：《请张爱玲写广播剧》）

1963年7月，赖雅再次被送进医院。

原来，那天他在去国会图书馆的路上摔了一脚，致使股骨碎裂，还引起了中风。张爱玲得知消息后，立刻放下手头的活，全身心投入到照顾赖雅的工作中。

这一天早晚会来的，她应该早就预料到了。

赖雅近乎瘫痪在床，很多事都做不了。她腾出了大床铺给他，自己则在行军床上将就着睡。每当黑夜来临，她常常先给赖雅按摩，看着他入睡后，自己才休息。

如果说曾经的她是左手爱情，右手梦想，那么今时今日的她则全身心扑到了家庭和工作上，至于梦想，早就因俗事的耽搁而搁浅了。

赖雅虽然不能动，但却看在眼里，疼在心中。他恨不得立刻死掉，省得为她增加负担。日复一日，年复一年，她那张红润的脸变得越来越憔悴，身心也受到了巨大的冲击。可即便如此，她依然守在赖雅身边，不离不弃。

蓦然间，他想起一年前在日记本中写的话，如今看来恰合处境：

“死亡，沉重的心重击，

身体在发抖，睡眠成闭眼，

已经是长眠了，

而且不再醒来。”

原来死亡来得这么汹涌澎湃，明明还是昨天的事情，今日就降临到了他的身上。或许这个世上的谶言真的很灵，只是有时他不相信罢了。

1965年的圣诞节来临了，原本是阖家欢乐的节日，在张爱玲眼中，却成了孤独与落寞的集合体。这天的中午，他们的小房子里来了很多人，都是霏丝带过来的孩子们。有她的三个儿子，还有大儿子的女友安琪。

赖雅依旧躺在床上，再也不像以前那般与他们戏耍了，甚至连说话都很吃力。孩子们给他带来了玩具，也陪着他天南海北地聊天。那时，赖雅第一次感到恐慌。他原是不怕死的，而今却怕得要死。

在简陋公寓里，心灵脆弱的安琪没能控制住自己，双眸中竟夺出泪来。霏丝赶忙轰她出去，生怕悲伤的氛围影响到赖雅。

可他还是看见了，而且看得清清楚楚。

从此，赖雅开启了长达两年的瘫痪生涯，最严重的时候，大小便也失禁了。很显然，他再也好不了了，而且变成活不活、死不死的植物人。

1964年3月，张爱玲与高克毅见了最后一面。

当时华盛顿正在举办“亚洲学会”，邀请了不少来自中国的文人名士参加。其中，夏氏兄弟也位列其中。完会后，高克毅的同事吴鲁芹说，夏氏兄弟此番来还有一个夙愿，就是想见见一直以来行踪神秘的张爱玲。

高克毅很守信用，他废了九牛二虎之力，又说了很多好话，才把张爱玲从家中请了出来。原来，那天要见她的不只是夏氏兄弟，还有高克毅的哥伦比亚大学校友、加州大学伯克莱分校的教授陈世骧。

谈起夏志清与张爱玲的渊源，很多人都会想到他在1961年完成的《中国现代小说史》一书中对张爱玲的评价极高：“张爱玲应该是今日中国最优秀最重要的作家。仅以短篇小说而论，堪与英美现代女文豪曼殊菲尔、安泡特、韦尔蒂、麦克勒斯等相比，某些地方恐怕还要略高一筹。”当文章谈到《金锁记》时，更是竖起了大拇指，很直接地说：“是中国自古以来最伟大的中篇小说。”

这么高的评价，直接让她的锋芒盖过了鲁迅、茅盾、沈从文等大家。或许，那时夏志清从骨子里就认为，张爱玲的作品值得这样的称颂。夏志清写这本书时并不认识张爱玲，他们只是在多年前有过一面之缘。那是1944年的夏天，他去庐江大学的一个朋友家中玩耍，碰巧见过了满面清秀又羞赧寡语的张爱玲。

转眼间，时间已经定格在了五年后。

再次见到她，夏志清格外兴奋。只是令他没想到的是，当天原本喜庆的氛围骤然被夏济安打破了。

原来，很早以前，夏济安就知道张爱玲不善交际，甚至很腼腆。如果在场的人很多，她往往不喜欢说话，时常一个人沉闷着发愣。

夏济安为了让她放轻松，特意用英文说了一句话："I' m your competitor， you know。"（你知道，我是你的竞争者。）

这样一句话，不仅没有起到玩笑的作用，反而使得氛围更加沉重。张爱玲不知该如何回答，别人又不知该怎样接下去。蓦然间，沉寂如死，一根头发丝落地的声音都清晰可闻。

"呯"的一声，一只酒杯落在地上，碎成了无数块玻璃晶片。

彼时，所有人的目光开始转向吴鲁芹。也许大家太紧张了，以至于在玻璃碎后，仍旧心有余悸。不过，也正是那一阵"晴天霹雳"的声音，才让原本僵化的场面瞬间融化。

这一个画面，直到二十年后，张爱玲依旧记忆犹新。或许，无论历经多少个时日，在场的人也都无法释怀吧。

那时的张爱玲除了照顾赖雅，有时也会受邀奔波于各大文学交流会议。她不仅参加了“亚洲学会”，也参加了1966年6月在印第安纳大学举办的“中西文学关系研讨会”。

那天，阳光像金子一样刺眼。

她怯懦地走上舞台，大眼扫视了台下黑压压的人群，不觉间浑身上下被惊慌笼罩。她也不知为何如此害怕，就像世人谣传的那般，她本就是一个腼腆羞赧的人。

直到所有的噪音都沉淀下来，台下一片安静，她才笑靥如花地讲起来。

张爱玲的讲课更像是谈话，并不像其他教授那般宣读论文。她从香港的电影业说起，又加入了自身的体会，一时间，引起台下所有人的欢呼。

张爱玲的英语很好，略带些英国口音，有时很幽默，有时又很郑重，令台下的人听得如痴如醉，均被她神一般的气质所吸引。当时有两个年轻的“毛头小伙”还硬着头皮去她住的旅馆求见，没想到一向冷漠的张爱玲竟请他们到了屋子里，三个人就文学谈了一下午。

这两个年轻人就是以后大名鼎鼎的庄正信和刘绍铭。那时，庄正信是“印大”的研究生，而刘绍铭则是威斯康辛大学的驻校讲师。这两个人，算是年少成名。

他们很早就看过她的作品，对张爱玲更是有或多或少的了解。在两个人的印象里，她是一个寡言又安静的女人，也是一个思想和文学修养很高的智者。

除了庄正信和刘绍铭以外，胡耀恒也是张爱玲的书迷。他们三个成了张爱玲晚年的忘年之交，也帮了她很大的忙。

当时，生活穷困的张爱玲急需一份工作，于是就找到了这三个小伙，希望他们能帮自己留意一份与文字有关的工作。

若不是为了柴米油盐酱醋茶，若不是为了瘫痪在床的丈夫，她自己一个人怎样过不是活？那些零零碎碎的梦，纵然摔得无一完整，但拼凑起来，又怎会没希望呢？

在美国找份工作，还真是她第一次大胆的尝试。即便她之前曾为“美国之音”写剧本，那也只是一种兼职，并没有长期干下去的打算。

为了帮助张爱玲，刘绍铭不断地向美国各个地方推荐她，也写了很多长信。终于，功夫不负有心人，一份还算不错的工作就这样有了回音。

原来，刘绍铭曾经的老板“John Badgley”教授很欣赏张爱玲，也同意让她来迈阿密大学任教。当初刘绍铭在迈阿密大学任教时每个月仅有六百美元的酬劳，而John Badgleg却给张爱玲开到了一千美元，而且许她在此工作七个半月。这份工作对于张爱玲来说，就像干涸的土地下了一场雨，太及时了！

然而她所不知道的是，当时的刘绍铭已经知道了她的处境。任谁也不会想到，一个在中国文坛上熠熠生辉的大文学家，竟穷得买不起房，就连衣食住行都成了问题。

刘绍铭不愿意相信，却又不得不相信。

多年后，他曾在《落难才女张爱玲》一文中这样写道："张爱玲那段日子不好过，我早从夏志清先生那里得知。这也是说，在初次跟她见面前，我已准备了要尽微力，能帮她什么就帮什么。"

原来，她落魄的事情大家都知道了，也早已成了美国华人圈中公开的秘密。不过，那时从没有人瞧不起她，也从未有人落井下石。大家诚心诚意地帮她，只因她是一个值得所有中国人骄傲的女作家。

在搬去迈阿密之前，张爱玲曾在纽约住了一个月。

谁也不知道她为何要去纽约，也不知道那里究竟有什么吸引着她。

夏志清和华裔女作家於梨华曾专程拜访过她，还想请她去附近的一家上海馆子吃小笼包和蟹壳黄。

可彼时的她心神恍惚，整个人的魂都不知道去了哪里，哪里还有心思享受?

后来的再次相见，她的情绪略有好转，与夏志清和於梨华有说有笑，谈了很久。他们一块去了百老汇91街的中餐馆吃早点，她随着於梨华点了扬州汤包，另要了一份冰淇淋苏打。

在於梨华的眼中，张爱玲吃扬州汤包时很慢，但喝冰淇淋苏打却很快。那时，於梨华的第一感觉就是，她恍若不是来自中国，而是一个地地道道的美国人。

或许，自从认识赖雅后，她所有的故国记忆都断了，就连曾经的爱好和饮食也发生了翻天覆地的变化。她也不知道自己何时喜欢上了吃西餐，当她再次吃到中餐时，会觉得莫名的恶心。

后来，於梨华给她写信，问她要不要回台湾看看，她却近乎坚定地说：

> “我到台湾去的可能性不大，台湾有很多好处都是我不需要的，如风景、服务、人情关系。我需要的如Privacy(隐居)，独门独户，买东西方便，没有佣人，在这里生活极简单的人都可以有，港台都很难……”(节选自清秋子：《爱恨情仇小团圆》)

显而易见，她所追求的是自由，也是一种安静祥和的生活。她不喜欢尔虞我诈，也不喜欢奢华富丽。她只想拥有一个浪漫温馨的家，不需要有人伺候，只需要有最爱的人陪伴。

她从不是一个贪婪的人，也不是一个欲望强烈的人，她就像一个透明的水晶球，干净得看不到任何杂质。

或许，这就是张爱玲，一个让人疼又让人怜的女子。

1966年9月，张爱玲来到了迈阿密大学所在地——俄亥俄州的牛津市。

这是一个全新的征程，她也开始了全新的生活。然而，一件极不好的事情，还是在她刚到大学的那天晚上发生了。

原来，当迈阿密大学的校长得知张爱玲要来任教的消息后，即刻说要为她接风洗尘。在学校附近的一家高级酒店里，她来得很晚，而且风尘仆仆的，穿得也没有那么正式。

在别人看来，她俨然一副高高在上的样子。

落座后，又是一阵安静。

张爱玲一直沉默寡言，不喜欢与别人交流，也很少谈起自己的事情。那天饭局原是为她办的，却不料成了一群人的聚会。

9月20日，她在给刘绍铭的信中这样写道："病倒了，但精神尚可支撑赴校长为我而设的晚宴，去了，结果也糟透了。我真的很容易开罪人。要是面对的是一大伙人，那更糟。这正是我害怕的，把你为我在这儿建立的友好关系一笔勾销。"

原来，她不是有意为之，着实因为当时生了病，身体不舒适。况且，她生来就不爱应酬，如今突然要她为了人际关系而改变自己，怎能不是难事呢？

在迈阿密大学教书，虽然是一份相当稳定的工作，按月也能拿到工资，但对于自由惯了的张爱玲来说，却不是一件容易的事情。

当今的都市白领，大多都需要"坐在办公室里看书"。即便不是为了工作，也当是消磨时间的一个手段。张爱玲则不同，她曾说："周曾转话来叫我每天去office坐坐，看看书。我看书总是吃饭与休息的时候看。如衣冠整齐，走一里多路到Ma Cracker Hall坐着看书，再走回来，休息一下，一天工夫倒去了大半天，一事无成。”

很显然，她一点也不适应office女郎的工作，也无法在一个封闭的空间里待很长一段时间。她就像一阵风，又像一只大雁，喜欢湛蓝的天空、无垠的大海。她把青春和热血献给了文学，也把一辈子的孤独无依献给了爱情。

她的一辈子恍如一幅色彩斑斓的油画，多姿多彩。可鲜有人知道，即便是一幅无可挑剔的传世名画，也有色调灰暗的一隅，而晚年的张爱玲，正是那一隅最凄惨的冰花，冷艳，孤傲，无人问津。

在教书的岁月里，她曾无可奈何地说：“教书不止学问要好，还得会表达，能把肚子里的墨水说出来——这种事情我做不来。”

虽是做不来，但并不代表她肚子里没有墨水。

在家庭重担的打压下，她哪里还有思忖的余地？只得登上讲台，一个人面对黑压压的学生，怯懦地谈着文学。说实话，那时真有“逼上梁山当贼寇”的味道。

傍晚回到家，房中静悄悄的。

孤灯，陋室，再也没有往昔的欢乐，也无人做好饭等她来吃。

赖雅侧过身对着墙假寐，即便他知道张爱玲回来了，也不会做出多么惊喜的表情。他已经时日无多，他是清楚的。只不过，他从未料想，如今到了这个份上，张爱玲依旧不离不弃。这份爱情，这份坚守，出乎了他的预料。

那些天，女儿霏丝的话针扎般钻进他的心里，若说不疼，肯定是假的。为了这件事，他不知哭了多少天，也不知流了多少泪。这个世上，亲生女儿都不要他了，一个非亲非故，又比自己小二十九岁的东方女子，却义无反顾地坚守着。

他有时在想，肯定是上辈子积了德，这辈子老天才给他派来一个这么善解人意的妻子。想着想着，他淡然地笑了，蓦然间，很知足。

张爱玲依旧嘘寒问暖，问他还疼不疼，哪里不舒服，晚上想吃什么东西。有时，她也会像往常一样，扶赖雅半坐起来，帮他按摩周身的穴位。

相比霏丝的无情，她的无微不至简直无人可比。

在来迈阿密之前，张爱玲曾想让霏丝暂时照顾一段时间赖雅，没想到，这个当初很“孝顺”的女儿竟说出了让人匪夷所思的话：“不只是你，我也要上班，而且我还有两个十多岁的孩子需要照顾。如果父亲也搬进来，家里肯定会乱的。况且，当初你与他结婚，早就该知道他有这个病的。如今，你不能这样把他留给我，而后就一走了之了。”

那时，张爱玲才清楚，霏丝对赖雅的孝心，远没有她想象中的那么大。

至于当初温暖的画面，也仅限于双方相安无事而变得美好。等到大难来临，大家都是各顾各的，没有谁会大公无私地连累自己。

在冷冷的现实面前，她无能为力，一怒之下，只得带着赖雅住进了迈阿密的公寓楼。从此，一边工作，一边照顾丈夫。

离开那天，她没有通知霏丝，其实也没有必要通知。

若一个人的心是冷的，就像千年冰山，又岂是一股小火能融化的呢？况且，她也不愿意去融化霏丝，因为她孤独惯了，也一个人惯了。

有时，即便她为了某些事迫于无奈而妥协，也只是在别无他法的情况之下做的决定。而今，她至少还有退路，还能寻找到解决问题的法子，又怎可能为了一个不一定实现的目标，反而做个低三下四的女人呢？

她不愿，也不甘。

直到霏丝再来探望，才发现屋子早已人去楼空，只有一个长条桌上还放着一张纸条，上面写道："我带不走所有的东西，这几箱垃圾麻烦你帮忙处理——最后一件事！"

霏丝打开箱子一看，惊讶地发现，里面全是父亲的日记和手稿。而那个令她无比反感的"东方女子"却称之为"垃圾"，这该是怎样的侮辱？

她生气极了，恨不得立马找张爱玲理论。但她却没有考虑过，这些手稿都是赖雅最后的"遗产"，也是他一辈子的精神结晶。张爱玲之所以将这些宝贝悉数交给霏丝，就是想很明确地告诉她，当初选择嫁给赖雅，她没有任何企图，完完全全是因为爱。

1966年10月份，校内刊物《迈阿密校友会》上刊登出了这样一篇文章《一流的中国女作家：迈阿密驻校作家》。

在这个醒目又刺眼的标题上，我们看到了校方对张爱玲的“尊重”。他们称她为一流的中国女作家，而且洋洋洒洒说尽了好话。虽然这样的评价本身就是实至名归，但也不乏有为之制造声势，进而熏陶学生的目的。所以，他们的评价一点也不纯粹，甚至多少带点目的性。

不过，此报道一出，还是在全校引起了广泛的关注。倏然间，大家都想认识一下这个中国女作家老师，也想一睹她的芳容。

然而，令所有人扫兴的是，她一直“在校园中不肯露面”，就仿佛只有其名，未有其人。她也不参加学校里的社交活动，更不出席会议。她留给大家的只是一个很东方的名字，还有那些写在刊物上的阅历。

张爱玲很低调，也很孤傲。

她不论取得多么大辉煌，都不会第一个拿出来向别人炫耀。她总是喜欢一个人默默地欣赏来时路，有窃喜，一个人笑，有悲伤，一个人承担。彼时，她就像一朵盛开的牡丹花，圣洁单纯，又让人为之疼惜。

在迈阿密大学授课的那段时间里，她没有放弃曾经的梦。几经辗转，她通过夏志清向洛克菲勒基金会提出申请，请求资助她完成《海上花列传》的翻译。

这是她许多年以来的梦，也是初次见到胡适时提及的梦。还好，上天总算待她不薄，申请得到了批准。

翻译工作很枯燥，她每天都要坐在书桌前，直到很晚才起身。不过，她从未因为繁忙而忽视了赖雅，甚至经常给他搓澡，照顾他的饮食起居。

有时写累了，她会给赖雅读一些新闻。而赖雅若见她闷闷不乐，则会讲一些好莱坞的小段子给她听。他们成了彼此的天使，用各自的温暖守护对方，没有吵闹，没有怨恨，只有单纯的爱，单纯的坚持。

或许，这些对于二人来说，也便够了。

然而，艰涩的生活还要继续，学校里不喜欢的工作也必须坚持。她很清楚，来这里就是为了赚钱，其余的任何事都与她无关。

后来，张爱玲在给刘绍铭的信中曾这样写道："不管我多照顾自己，体重还是不断减轻。这是前途未明，忧心如焚的结果。"

没错，她太劳累了，天天要承受身体和精神的折磨。也许在别人看来，一心扑到文学创作上的张爱玲多少有点不务正业，也有点不顾全大局。

可这就是真实的她，没有任何掩饰，也不必像他人般整日趋炎附势、溜须拍马。她不喜欢被世俗玷污了的人际关系，进而向往一种君子之交淡如水的生活。

如此看来，她竟是身在闹市，心遁远方了。

在迈阿密熬了半年多，直到第二年的春天，她才在朋友的帮助下找到了另一份工作，在马萨诸塞州的赖得克里夫大学朋丁学院做“独立研究”。这份工作乍听起来相当有分量，而实际上，这只是她为《海上花列传》的翻译寻找的暂息地。

1967年4月，她没有通知任何人，私自安排了一辆车，把赖雅安顿在车后方宽敞的座位上，又帮他盖上衣服，在一阵轰鸣声中扬长而去。

从那时起，她不再向任何人哭诉，也不愿向任何人讲起她和赖雅的近况。

她就是这么倔强，也是如此固执。

在张爱玲眼中，真正关心他们的人没有几个，而想要全心全意帮助他们的，更是少之又少。她虽然不善于经营人际关系，但却看透了这个社会的人情冷暖。

她想着，从今而后但凡遇到点事，都要依靠自己的双手，也似乎只有自己，才能在大海中掀起一片波浪。

赖得克里夫大学在美国有很大的来头，有哈佛大学“姊妹花”之称。尽管这里风景优美，人文思想浓厚，但却无法给予赖雅一个养病的好坏境。

自从来到赖得克里夫大学之后，他的身体彻底垮了，整个人也越来越消瘦，那张原本带有血色的脸逐渐焦黄，进而苍白。

张爱玲开始渐渐意识到，丈夫的大限将至，而今她要做的也只有一件事，就是陪赖雅走完人生的最后时光。

那段日子里，不少朋友寄来信笺，询问她和赖雅的情况。若是一年前，她或许会像小姑娘一般写下凄楚的话，赚取朋友的同情。但是现在，她再也不会写了，更不会向任何人诉说每日每夜的苦难。

这个世界上，谁都会有遭遇低谷的一个时期，灾难，困境，何曾少？

可是只要一咬牙，紧握心爱人的手，挺过去不也是轻而易举的吗？

张爱玲很坚强，在重压之下，一直保持着惊异的坚韧。而此时的赖雅，也没有让她失望，即便病痛侵蚀了他的人，却搞不垮他的心。

有一天，赖雅的表嫂风尘仆仆地来看他，还给两人带来了一些补品。当年，赖雅和张爱玲结婚时，曾向表嫂借了一些家具，而今十多年过去了，竟徒生了物是人非的慨叹。

此时的赖雅早已枯瘦如柴，除了张爱玲之外，别人都未见过他的面容。即便是这位曾经帮过他们的表嫂，也只是坐在屋子里聊了一会，才颇为悲伤地离开了。

自从生病后，赖雅常常喜欢侧过脸去，正对着墙壁，脑袋缩进了被子里。他不想让任何人看到他将死的模样，即便是很亲近的亲人，也不愿意。

所以，从那以后，张爱玲成了他的挡箭牌，不论是哪个亲人过来探望，都一一被她拒之门外。其实，赖雅早就想好了临死之前的打算。

他希望安安静静地死去，在闭上眼的一刹那，只有张爱玲在身边，而且紧紧握着他的手，依依不舍地呼喊他的名字。

半年以后，在一间几十平的陋室中传来一阵撕心裂肺地呼喊：“赖雅……”

他走了，没有一点痛苦，没有一丝挣扎，甚至带着微笑。

这天是1967年10月8日，天还有些热，但却已经到了秋季。

两个月前，赖雅刚过完七十六岁的生日，不曾想两个月后成了他的忌日。

他闭眼的时候，张爱玲一直在他的身边。

在那间曾经洋溢过欢笑的陋室中，她不停地哭泣，不停地呼喊，然而那个人却再也回不来了。也许，从今往后，这个世界上真的就只剩她自己了！

台湾学者周芬伶曾说，赖雅一辈子没有白活，他在中西方文学中，各扶助了一位绝世的文学天才，如今看来，也真是一个传奇人物了。

赖雅的遗体火化后，没有举行葬礼，张爱玲将他的骨灰交给了霏丝，让她去安葬。

那年，他七十六岁，她四十七岁。

他们1956年结婚，直到1967年阴阳相隔，前前后后，竟相互搀扶着走过了十一个年头。十一年，对于别人来说或许没有太大的意义，但对于张爱玲来说，真的不算短了。

曾经，她身边来来回回换了很多人，就连第一任丈夫胡兰成也只是相处了几年的光景。自从与赖雅认识后，她才真真切切地体会到爱情，也体会到了家的味道。

倏然间，她想起了好多零星的画面，想起了赖雅给她讲的好莱坞段子，想起了两个人在黄昏时分去公寓外散步，想起了某个晚上钻进电影院接连看好几场新上映的电影，想起了赖雅去飞机场送她时依依不舍的眼神，想起……

往事太多了，回忆却变得那么残酷。

她越是努力回想就越难过，泪水也就不由自主地往外迸。

自从赖雅死后，她的心也死了。

爱情之于她，只有那些挥之不去的回忆，浅浅的，微微的，在她心中萌芽，生长。

然后，消失……

第四章

美人迟暮：独居生涯，落寞时光

囚禁在自己的孤岛

在没有赖雅的日子里，时间快得来不及细数。她每天都将自己封闭在房中，孤零零地享受着书本所带来的快乐。

她喜欢看书，喜欢沉寂在作家编织的梦里。她也喜欢写作，因为那是她放纵思想的唯一方式。那个时候的张爱玲，彻底将自己囚禁在孤岛中，恍如古时的清雅才子，大隐于市。

1968年的世界一点也不太平，她所爱着的祖国正经历着文化浩劫，欧洲、美国也在进行着史无前例的变革。然而，这一切并没有对她造成怎样的影响，她的思想依旧活跃，文笔也未消退。

晚年的张爱玲把大部分时间都用在了翻译《海上花列传》和写《红楼梦魇》上，她有时也会修改一下旧作，或是整理以前的旧照片和文存，并积极地为一本叫《对照记》的书做最后的汇编。

多年后，《对照记》成了她的绝笔之作，也成了史学家们研究张爱玲最为重要的材料。当我们翻开这本书，目光扫过那一行行清丽的文字，慢慢地品读下来，竟有如沐春风的畅然，也有秋风落叶的凄凉。

难怪，她在写自己晚年的生活时，用了这么一段话来形容："时间加速，越来越快，越来越快，繁弦急管转入急管哀弦，急景凋年已经遥遥在望。"

时光流转是意料之中的，毕竟人生来就有死去的那天，她也从未想过不生不灭。但是，时间过得那么快，让她艰难呼吸，让她没有办法安稳地完成每一天的工作，让她渐渐迷失了方向，却又是意料之外的。

四十七岁，并不算老，甚至还未过半百，在无数七老八十的名家眼中，她只是一个小姑娘。她大可以再次绽放，就像每年都要盛开的花朵，伴随着清香，温暖人心。

然而，精神的隐退，注定让她无法一如既往。

大变革的中国，仿佛一场海啸扑来，漫卷着黑色的浪花，阻挡住了白云轻飘的蓝天。即便她是一只无所畏惧的海鸥，也无法飞过这一片狰狞的汪洋。

所以，她不再好强，也不再追名逐利。

自从赖雅走后，漫长的独居生涯，成了她生命中最传奇又最落寞的时光。

漆黑的夜色，空荡的皓月。

即便四周伸手不见五指，也总有一个地方清辉漫洒。

因此，只要一个人不去怨恨生活，也不去埋怨天理不公，才是最好的活着。她就是这样，在平平淡淡的日子里，迎来了多年来的又一个春天。

1966年4月，《怨女》在台湾出版。

这是一部几经残喘，也是张爱玲为之付出很多心血的作品。它最早叫《金锁记》，改英文名为Pink Tear（《粉泪》），后来又改成Rouqe of the North（《北地胭脂》），等英文版被翻译成中文后，再次更名为《怨女》。

《怨女》在台湾出版后不久，香港的《星岛日报》也紧接着连载。一时间，张爱玲热再次被掀起，很多张迷们也是从这时慢慢成型的。

张爱玲之所以能从台湾东山再起，与一个人脱不开干系。他叫平鑫涛，是台湾皇冠出版社的大老板。乍一听这个名字，或许很多人都会觉得陌生。但提起平鑫涛的妻子，却是无人不知无人不晓。

他的妻子正是台湾赫赫有名的言情小说作家——琼瑶。

多年后，当有人问及琼瑶的写作灵感时，她还是会不经意地提起张爱玲是她写作上的老师。很显然，那时的张爱玲不仅影响了很多平民百姓的生活，也直接成为台湾当代言情小说的源头之一。

平鑫涛是1927年生人，比张爱玲小整整七岁。

他从高中时就是张爱玲的读者，一直到大学毕业，仍旧十分迷恋她。后来有一个机会，他在香港认识了宋淇，并在宋淇的介绍下，第一次接触到了张爱玲。

很快，他开始和张爱玲探讨出版事宜。不过，当时的张爱玲在华盛顿，因为照顾赖雅，根本脱不开身，所以就让夏志清代签了合同。直到如今，每当平鑫涛回忆起这段往事，仍旧禁不住地说："觉得又亲切又高兴。"

在他眼中，能出版张爱玲的作品，是一件特别值得高兴的事情。况且，他很早就是张爱玲的书迷，也曾在无数个夜里幻想着认识她，接触她。只是没想到，美梦来得有点快，竟让他措手不及。

从那以后，张爱玲的全部作品都卖给了皇冠出版社，而所得的稿酬也成了她在美国的主要经济来源。也许是命运的巧合，也许是上天的疼怜，她的生活终于安定下来了，再也不用为生计犯愁，也不用四处安家。多年后，她很感激平鑫涛，曾在给夏志清的信中这样说道："我一向对出版人唯一的要求是商业道德，这些年来皇冠每半年版税虽有二千美元，有时候加倍，是我惟一的固定收入……"（见1983年12月22日致夏志清的信）

这是必然的，也是她应得的回报。数十年来，她一直在追梦的路上苟延残喘，或是被人践踏了理想，或是被人消磨了志气。可即便如此，她那一颗执着的心也从未变过。

她常常告诉自己，无论受了多么大的委屈，也必须在第二天醒来时忘掉。因为她知道，从哪里跌倒就要从哪里爬起来，若一直沉溺在失败的阴影中，只会摔得更疼，摔得更惨。

1954年，平鑫涛创办了皇冠杂志社，1965年再创皇冠出版社。《怨女》的出版发行时间是1966年，那时的皇冠出版社才成立仅仅一年。

自从出版了《怨女》之后，张爱玲热在台湾即刻风靡起来。皇冠出版社抓住了这个时机，陆陆续续又出版了《秧歌》、《张爱玲短篇小说集》、《流言》（1968年）、《半生缘》（1968年）。时隔八年后，他们又将《连环套》挖掘出来，与《创世纪》、《天才梦》等文章集结成册，出版了《张看》。

那时候的文艺青年，枕边必然放着一本张爱玲。即便不是文艺青年，需要佯装一下的，也会以看过张爱玲来抬高自己的文学修养。

他们或是于清晨醒来时慢读，或是于黄昏暮色下详读，抑或是于烛火微微下快读。总之，每个时间段读来，都会有不一样的感受。

皇冠与张爱玲的合作很频繁，但并不代表她每次都会出席合作洽谈。大多数情况下，她都是让宋淇做代理人。纵然平鑫涛没有见过她，也未曾与她说过一句话，但他对张爱玲却格外尊敬。许多年后，他写文章回忆道：

> 撇开写作，她的生活非常单纯，她要求保有自我的生活，选择了孤独，甚至享受着这个孤独，不以为苦。对于声名、金钱，她也不看重。……和张爱玲接触三十年，虽然从没有见过面，但通的信很多，每封信固然只有三言两语，但持续性的交情却令我觉得弥足珍贵……（节选自平鑫涛：《选择写作 选择孤独》）。

一个在汪洋大海的东岸，一个在汪洋大海的西岸。

许多年的相识，让两个人的信笺穿越了沧海，穿越了红尘，也穿越了历史。一般来说，平鑫涛的信往往寄到张爱玲住所附近的一家杂货店里，直到她去那里购物时，才有可能收到。

尽管如此，平鑫涛仍旧没有放弃过。写信，已经成了一个习惯，一个他与张爱玲交流的精神寄托。他早已不在乎信的收到与否，仿佛只要寄出去，心里就是莫大的安慰。

1969年，赖雅已经走了一年多。她的生活还要继续，未来的路依旧迷茫。

所幸，在好朋友夏志清的帮助下，她收到了来自加州伯克莱大学的邀请函。原来，加州伯克莱大学“中国研究中心”的陈世骧教授希望她能来此研究大陆政治术语。这算是张爱玲来美国后的第三份工作，也是一份极其荣耀，又充满了挑战性的工作。

曾经，这个职位是由夏济安教授担任的。他是地地道道的张迷，早年曾向弟子们推荐了很多次张爱玲的小说。1957年，张爱玲所写的《五四遗事》，最初也是发表在了夏济安主编的《文学杂志》上。

很多年过去了，纵然两个人见面次数很少，但彼此都很牵挂对方。后来，夏济安于1965年病逝在任上，年仅四十九岁。张爱玲听到这个消息后无比沉痛，她在给宋淇的信中专门提到此事，还表达了心中的哀伤和苦恼。

1965年，接替夏济安空缺的是他在台湾大学的弟子庄正信，庄正信和夏济安一样，都很崇拜张爱玲。因此，不论是在哪个课堂上，只要涉及有关文学的轶事，他都会轻描淡写地勾勒出张爱玲的影子。

兴许，师徒两人早已不是单纯的崇拜了，竟将其推到了神的位置上。

1967年7月，庄正信任期已满。当他与夏志清讨论起接位的事情时，两人竟意见统一地认为，让张爱玲来担任是再合适不过的。

随即，一拍即合。

虽然这次夏志清帮了张爱玲大忙，但是他却不敢邀功，反而心平气和地说："张爱玲名气如此之大，我不写推荐信，世骧自己也愿意聘用的。但世骧兄嫂喜欢热闹，偏偏爱玲难得到他家里去请安，或者陪他们到旧金山的中国城去吃饭。她也不按时上班，黄昏时间才去研究中心，一人在办公室熬夜。”

夏志清说得有些隐晦，也许，他不愿将张爱玲的不好讲出来，总觉得那是一种罪恶吧。然而，在研究所的那段时间里，她依旧不会做人，甚至很“过分”。

张爱玲的助手陈少聪曾说：“张先生自从来过陈（世骧）家两次之后，就再没见她出来应酬过。陈先生和夫人再三邀请，她都婉拒了。陈教授尽管热情好客，也不便勉强，只好偶尔以电话致候。”

请也请不动，喊也喊不来。

这，就是张爱玲。

或许，在大家眼中她的架子很大，有向别人耀武扬威的意思。但知道她的人都了解，她只是不愿沦为世人“把玩”的商货。她不想让每一个饭局都成了她的巡回表演秀，也不愿看那些丑陋的嘴脸，说得好听，做得阴险。

1969年发生了很多大事，仅在美国，就有数个世界奇闻。

美国首都华盛顿及旧金山等地共计百万人参与了反战游行，抗议尼克松政府侵越；1969年7月20日，阿姆斯特朗迈出了人类的一小步，成就了世界的一大步。

登月，古老的东方很早不就实现了吗？

那个叫嫦娥的美丽女子，飘飘然而来，卷过淡雅迷人的香气。古时说她住在广寒宫，有玉兔为伴，还有一个叫吴刚的没日没夜在砍桂花树。

年幼时的张爱玲常常在院子里铺一床凉席，躺在空旷的草地上，抬头看向那一片浩渺的天空。皎洁美丽的月色呀，被一团氤氲的白云缠绕着。不过，她依然能看到圆月上的黑斑，依然可以幻想着那位美丽的女子，坐在青色的石凳上，一个人缄默不语。

她也是一个爱做梦的小姑娘，往昔不知多少次幻想过与嫦娥见面的情景。所以，在她的文学作品中，我们看到了很多写月亮的文章，全是溢美之词，全是诉不尽的感慨。

而今，美国人就要登上月球了，就要看到她所钟爱的嫦娥了，怎能不激动呢?

那天下午，她站在加州圣保罗大街的一根电线杆下面，微仰起头，像小时候一样看向那片熟悉的天空。

月，如旧圆。

人，已苍老。

只是，那个叫嫦娥的人，却依旧活在她的梦里，良久良久，挥之不去。

陈世骧开车路过时，恰好看到她专注地发呆，就问她在干什么。张爱玲回答得很干脆，在等公交车，正思考着要不要买个电视机，晚上回家好看登月转播。

陈世骧不曾想到，高度近视的张爱玲竟把电线杆当成了公交车站牌。她是如此的销魂，没有一丝察觉，一个人很凄凉，又很坚强。

我们不知当时的陈世骧做何感想，但毫无疑问的是，他一定笑不起来。

试想，一个冷寂的黄昏，月上梢头，大地沉静。她孤苦无依地停靠在电线杆下，无人理会，无人搭话，不知有多难过呢？可她又爱一个人，因为自从赖雅走后，再没有一个人能走进她的内心。

她是如此的冷傲，又是如此的超凡脱尘。

不只是陈世骧称奇，加大的很多同事一样觉得她不一般。他们一致认可，张爱玲是“办公室的灵魂”。

何为灵魂？

让人看了一眼，就深深地沉迷？

抑或是，说了一句话，就让人欲罢不能？

也许都有吧。

张爱玲的美虽未体现在样貌上，却分毫不差地表现在穿着打扮上，以及温柔冷漠的眸子里。她就像一头山羊，看起来很温顺，但若受了刺激，一样会用犄角给人一击。

她不是没有脾气，也不是娇弱羞赧，她只是不想引起是非，因为平淡的一生，远比任何大起大落都来得幸福。

张爱玲的眸子是深邃的，很多人都不敢与她对视。也许，他们害怕看到犀利的锋芒，进而刺得自己遍体鳞伤。也许，他们自觉浅薄，无法用同等的眼神迎上她。

但不论怎样，她在神坛上的地位，无人可撼动。

在加州伯克莱大学的那段日子里，她总喜欢穿着旗袍，在葱茏的校园中散步。有时，她会穿进树林中，坐在洒满落叶的石凳上看书。有时，她一个人静静地站在电线杆下，看着工人们忙上忙下地疏通电路。也有时，她会坐在校园的草地上，一个人默默地看着天空发呆。

没有赖雅的日子，生活还要继续。而且，她的收入越来越多，而支出却越来越少。后来，她开始大批量地买衣服，各种各样的旗袍堆满了屋子，像开了一家服装店。

每天上班，她都会穿不一样的旗袍，有时是灰色的，有时是紫色的，有时是淡青色的，有时又是素色的。她对旗袍的布料很有研究，大多选择丝制的料子，而且配以传统的滚边。所以，在艳红的夕阳下，同事们常常会看到被百花簇拥的张爱玲款款走来。她虽不苟言笑，却依然征服了很多人。

因为，她太有气质了！

晚年的张爱玲很孤单，浑身上下散发着高冷的气息。她皮肤白皙，宛如一块精心雕琢的美玉，平时出门会化妆，但绝不是妖艳的舞娘妆，只是淡淡的，像在脸上轻轻地一点。

不论是路人还是同事，只要看到旗袍，大老远就会知道是张爱玲来了。这么多年来，在异国他乡的日子，纵然是衣服换了，地方换了，但那一寸思乡之情，却始终没有动摇过。

她穿着旗袍的样子，高傲而又目下无尘，不论过了多少时日，始终会让人记得——她从上海来。

在众多回忆录和采访报告中，无数传记工作者都曾引用过一个文献，就是“语文部门仅有的两个工作人员”中的另外一个人——陈少聪的一篇回忆文。

他是张爱玲的助手，也似乎成了她的秘书。在陈少聪为数不多的文章中，这篇名为《与张爱玲擦肩而过》描写得最为真实：

> “第一次见到张爱玲是在陈（世骧）先生为她接风的晚宴上，陪客还有其他三四位教授。我的全部注意力都聚焦在张爱玲的身上，那时期我是不折不扣的‘张迷’。她所有著作我没有不读的。在她身边我变得小心翼翼，羞怯乖巧。尽管我的内心万般希冀着能与她接近，与她沟通，当时我却连话也不会说，也不敢说。”
>
> “那天张很文雅地周旋于宾客之间。她不主动找人说话，好像总在回答别人的问题。说话时脸上带着浅浅的礼貌性的微笑。她穿着一袭银灰色带暗花的丝质旗袍（后来她一直都穿颜色保守的素色旗袍）。那年她四十九岁，身材偏高，十分消瘦。中度长短的鬈发，看得出是理发师的成品。她脸上略施了

些粉，淡红色的唇膏微透着银光。她的近视眼度数不浅，以至看人时总是眯着眼，眼光里仿佛带着问号，有时让你不敢确定她是否在看着你。”

“张先生总是过了中午才到，等大家都下班了，她往往还留在办公室。平时难得有机会与同事见到面，也没有人去注意她的来去，大家只是偶尔在幽暗的走廊一角惊鸿地瞥见她一闪而过的身影。她经常目不斜视，有时面朝着墙壁，有时朝着地板。只闻窸窸窣窣、跌跌撞撞一阵脚步声，廊里留下似有似无的淡淡粉香。”

“我和她同一办公室，在走廊尽头。开门之后，先是我的办公园地，再推开一扇门进去，里面就是她的天下了。我和她之间只隔一层薄板，呼吸咳嗽之声相闻。她每天大约一点多钟到达，推开门，朝我微微一粲，一阵烟似地溜进了里屋，整个下午再也难得见她出来。我尽量识相地按捺住自己，不去骚扰她的清静，但是，身为她的助理，工作上我总不能不对她有所交代。有好几次我轻轻叩门进去，张先生便立即腼腆不安地从她的座椅上站了起来，眯眼看着我，却又不像看着我，于是我也不自在了起来。她不说话；我只好自说自话。她静静地听我嗫嗫嚅嚅语焉不详地说了一会儿，然后神思恍惚答非所问地敷衍了我几句，我恍恍惚惚懵懵懂懂地点点头，最后狼狈地落荒而逃。这类‘荒谬剧场’式的演出，彩排了几次之后，我终于知难而退，没法再继续演下去。鲁钝的我终于渐渐觉悟了这个事实：对于张先生来说，任何一个外人释放出的恭敬、善意乃至期望与她沟通的意图，对她都是一种心理压力与精神负担。”

“从此我改变了做法。每过几个星期，我将一叠做好的资料卡用橡皮筋扣好，趁她不在时放在她的桌子上，上面加上一个小字条。除非她主动叫我做什么，我绝不进去打扰她。结果，她一直坚持着她那贯彻始终的沉寂。在我们‘共事’将近一年的日子里，张先生从来没对我有过任何吩咐或要求。我交给她的资料她后来用了没用也不知道，因为不到一年我就离开加州了。”

“深悉她的孤僻之后，为了体恤她的心意，我又采取了一个新的对策；每天接近她到达之时，我便索性避开一下，暂时到图书馆去找别人闲聊，直到确定她已经平安稳妥地进入了她的孤独王国之后，才回归原位。这样做完全是为了让她能够省掉应酬我的力气。”

“隔着一层板壁，我听见她咳嗽，她跌跌撞撞的脚步声。我是张爱玲周边一名蹑手蹑脚的仰慕者。方圆十尺之空间内我们扮演了将近一年的哑剧。我是如此渴望沟通与相知；而她。却始终坚守她那辉煌的孤绝与沉寂。”（节选自陈少聪：《与张爱玲擦肩而过》）

在大多数同事眼中，张爱玲是冷漠的、高傲的。但在陈少聪眼里，她有的人情味是别人所不知、所不懂的。

有一次，张爱玲感冒了，每天上班都会打喷嚏，偶尔也会咳嗽几声，后来身体欠佳，就向陈世骧请了假。陈少聪很担心她的身体状况，经常打去电话问候，又大老远跑到中药房给她抓了几副草药。

他知道张爱玲的癖性，不喜欢与人交流，眉宇间透着淡淡的冷漠和哀伤。于是，他只在门口逗留了一会，方按下门铃，将药放在门口扬长而去。

过了一段时间，张爱玲又来公司上班了。她身体虽好了，但精神还是没有多么大的变化，仍旧不喜欢说话，只是闷闷地走进自己的办公室，开始了一整天忙碌的工作。

令陈少聪很诧异的是，此时他的桌子上却意外多了一张纸条，上面只写着两个字“谢谢”。纸条上方还压着一瓶香水，是市面上很流行的“香奈儿五号”。

他买的草药远没有这瓶香水贵，而张爱玲还他的，也并非是等价的回报。因为有时，一个人真真正正的关心，远比虚情假意的人际面子要好太多。张爱玲还他的香水很名贵，也是想证明，陈少聪真心实意的关心，值得她送这样一瓶香水。

晚年的张爱玲很钟爱香奈儿五号，她不仅送过陈少聪，也曾送过水晶。当年，水晶在《夜访张爱玲》中曾提到：“她早已准备了礼物，因为知道我去年订婚了，特地购买了八盎司重的香水，送给我的未婚妻。这让我惶愧，因为来得匆忙，没有特别预备东西送给她。”

这年是1971年6月，张爱玲已经五十一岁了。她到了暮色黄昏的年纪，却仍旧偏爱年轻女孩儿的东西，可见，她是多么重视自己的外表。

多年后，我们从《对照记》中看到了一个不染尘寰的张爱玲。

纵然岁月无情，时光蹉跎，她也不再风华绝代，流光照人，甚至即将步入老年，但她那风韵盎然的神姿和气质出众的模样，不论是谁看到，都会惊叹一句：她是如此的年轻。也许，这样的生活习惯，与她极高的精神追求是分不开的吧。

在加州伯克莱大学的工作并没有张爱玲想象中的那般好，她不善经营人际关系，很多时候都是我行我素，有时也会找各种理由拒绝陈世骧的邀请。

可见，对于她来说，若想一个人安安稳稳地生活，真的很不容易！

况且，这个世上冷漠和拒绝，永远也换不回别人的理解。陈世骧就是这样，他起先对张爱玲报以热忱，只是因为她的名声在台湾大噪，如今到了学校能撑起一片天。

然而经过时间检验，即便张爱玲拥有无可挑剔的才华，也无法帮他实现满足虚荣心的愿望。他心灰意冷，也不再奢望。

终于，两个人的战争爆发了。

轰隆一声的巨响，断送了一份维持不长的友谊。

1969年6月10日，张爱玲给夏志清回了一封信，用很沮丧的语调说："我刚来的时候，就是叫写glossary（词语汇编），解释名词。刚巧这两年情形特殊，是真没有新名词。包括红卫兵报在内。Ctr（研究中心）又还有别人专做名词，把旧的隔几个月又出个几页字典。所以结果写了篇讲文革定义的改变，追溯到报刊背景改变，所以顾忌特多，没有新名词，最后附两页名词。"

一番言语之中，透着极度的无可奈何和哀伤。

她不知道如何应对，因为没有就是没有，即便掘地三尺，也无法找到。然而，陈世骧却不这么认为，他一直以高高在上的姿态命令张爱玲继续修改，一次两次，直到第三次，报告仍旧不满意，她也改得心力交瘁。

一段友谊，也就到此而终。

在旋涡中挣扎的人际关系，终究不是她所能控制的。她渴望的是自由，追求的是安逸。她希望能躺在一片绿色的草地上，尽情地呼吸大自然的空气；或是任一道斜阳漫下来，温暖一张渴望重生的脸庞。

在伯克莱大学工作期间，庄正信帮她找了一所住处。房子位于伯克莱城杜兰街，是一间半的小公寓。

虽然面积不大，但张爱玲很喜欢。

一片雪白的装饰，不染尘埃，也未被尘世俗气所污染。推开门，一排落地长窗赫然眼前，她轻拉开白色的纱幔，任柔和的夕阳洒满整间屋子。

远处，梧桐树摇曳生姿，鲜花在草丛中烂漫。

海水蔚蓝，天际澄清，几只海鸟划过波澜不惊的海岸线，向着遥不可及的前方遁去。

公寓的设备很简陋，纵然基本生活保障能做到，但却缺少一个写字台。她只好在床前放一个小茶几，每天就是在这个小茶几上写作，很吃力，也很累。

夜幕降临，天色渐晚。

每当清辉如雪时，她轻轻拉开纱幔，一个人静静地遥望月色。

那时，她仿佛一只薄翼的蝉，正在寻觅黑暗中的光明。

无论何时，无论何地，她要的光明，永远只有那一轮圆月可给，而且给得很彻底、很浪漫。后来，大家送了她一个雅号——“与月亮共进退的人”。

我要单独生活

在加州的日子很散漫，不过她也很自在。

张爱玲很少出门，也不去打电话。她依旧喜欢写信，也喜欢伏在案上写日记。她早年曾与宋淇有过嫌隙，两人还大吵了一架，决定不再与对方往来。然而，没想到最后还是冰释前嫌了，他们又开始了通信，而且一直持续到死去的那天。

她从未想到，安静的日子也会有不安静的时候。

她从不喜欢被别人打扰，也不喜欢见客，但却有一次破例。

来求见张爱玲的人叫水晶，他是地地道道的张迷，甚至可以用“超级张迷”来形容。多年后，他写过一本有关张爱玲的书，叫《夜访张爱玲》。文中所提及的事，也多半来自那日访谈。

水晶本名杨沂，是江苏南通人。他与张爱玲一样，都同属南方。在台湾读大学时，水晶就很崇拜张爱玲的文风，常常在同学面前夸她的作品。时间一长，他看得多了，有时竟能大段大段地背诵。可见，这人已痴迷张爱玲到了极点!

当王祯和在台湾见了张爱玲后，水晶更是羡慕，时常从王祯和口中了解有关张爱玲的各种事情。喜欢归喜欢，但他却不敢访问，因为他总觉得张爱玲很高冷，只适合在神坛上仰视，不适合走近了解。

直到有一天，他有了一次拜访她的机会，曾经的疑云也在拜访后不复存在。

1970年9月，水晶获得了一次去伯克莱大学深造的机会。也正是这次机会，让他与张爱玲有了唯一的一次交谈。两人从晚上7：30开始聊起，前前后后竟聊了七个小时。

多么惊人的谈话，可以说是秉烛夜谈，也可以说是彻夜欢聊。她生平最不爱见人，更未与任何人有过的交流。可那次，竟成了她一生中绝无仅有的一次。

那年张爱玲五十一岁，跨越了半百，正步入夕阳。

水晶见到她的第一感觉就是瘦，而且瘦得离谱，也很让人心疼。若不是长年累月地写稿，若不是没有充足的睡眠，也许她的生活会好些，人也不至于皮包骨头。

然而张爱玲是固执的，她若喜欢某个习惯，就绝不会轻易改变。就这样，她的血液幻化成文字，从纤弱的身体里流出来，滋润着每一部有生命的作品。

水晶眼中的张爱玲如胡兰成所说，脸庞很大，眼睛也很大，而且炯炯有神、深邃难测。这世上不论是谁，都无法从她眸子里看出任何破绽，因为她的心思只有自己懂得。

两个人谈论的话题很随意，也很深入。那是水晶第一次这么近距离接触她，也是第一次感受到张爱玲所带来的温暖。

她知道水晶从南洋来，所以提前给他开了一罐糖腌番石榴。水晶说不会喝酒，她立马给他开了一瓶可乐。当时的张爱玲很瘦弱，开个易拉罐双手都要哆嗦一会儿。水晶害怕极了，恨不得抢过去帮她。然而他知道，张爱玲从不喜欢让别人帮忙，若是他越了线，很有可能会引起张爱玲的反感。

最终，他没动，而她却欣然看他吃。

张爱玲告诉水晶，她特别迷恋民国初期的章回体小说，尤其喜欢张恨水的那几本。她认为这类小说很容易使她放松，每当心情不好时翻阅慢读，倒有一种relaxed（松懈的、随意的）的感觉。

水晶顺着她的爱好往下谈，提起了一本名叫《歇浦潮》的书。此书是民国初年鸳鸯蝴蝶派小说系的代表作，这本书的作者叫朱瘦菊，笔名为“海上说梦人”。

小说还原了上海十里洋场的众生相，将一群妓女、嫖客、新剧艺术家等人描写得惟妙惟肖。这对于从大上海土生土长的张爱玲来说，不得不说是一个巨大的冲击。她当然看过，而且认为这本书是中国“自然主义”作品中最好的一部。

水晶见她很喜欢，就略带评价了一下。没想到，他的评论引起了张爱玲的共鸣，她对水晶说：“真应该写下来，比你写我更好，更值得做。”

慢慢地，两人聊得越来越广，开始从《歇浦潮》发散，进而过渡到《海上花列传》。水晶知道，张爱玲一直在做《海上花列传》的翻译工作。所以，她对这本书的理解，远比别人要深一些。当水晶问及她对这本书的看法时，张爱玲颇为形象地用手比了一个圆圈，笑着说："像红楼有头没尾，海上花中间烂掉一块，都算是缺点。"

水晶是张迷，也不会放过任何一个谈张爱玲作品的机会。他抓住时机，对《倾城之恋》、《沉香屑·第一炉香》、《桂花蒸阿小悲秋》、《红玫瑰与白玫瑰》、《半生缘》等逐个进行分析评论。

也许是太爱张爱玲了，以至于每本小说的细节，每本小说的优缺点，水晶都了如指掌。就连张爱玲自己，也很赞叹地说了一句："你看得真仔细！要不是你这样一说，我完全记不起来了。"停顿了一会后，她又接着说道："我的作品要是能出一个有批注的版本，像脂本红楼梦一样，你这些评论就像脂批。"

他们没有只局限于谈通俗文学，也对五四以来的作家们做了评价。她很喜欢读沈从文的作品，甚至毫不避讳地告诉水晶："这样好的一个文体家。"

当谈到老舍时，张爱玲却没有大书特书。她对《骆驼祥子》的评价不高，但认为老舍的短篇很精彩，值得一看。

还有一位现代作家，也是不得不说的一个人——鲁迅。谈起他，张爱玲自有理解，她很钦佩地说："觉得他很能暴露中国人性格中的阴暗面和劣根性。这一种传统等到鲁迅一死，突告中断，很是可惜。因为后来的中国作家，在提高民族自信心的旗帜下，走的都是‘文过饰非’的路子，只说好的，不说坏的，实在可惜。”

是啊，这么多年来，有多少作家真的看清了各自的创作之路？

他们或是为了钱，或是为了名，又或是为了一时的“安定”。曾经，中国出了几个大胆的作家，也探索出一条正大光明的路。但更多的作家却是安于现状、守旧和迂腐。他们无法升华自己，更无法将中国文学拿到世界的文学史上。

文过饰非，说得多么精辟呀！

当谈话接近尾声时，水晶问起了她的作品流传问题。她没有急着回答，而是去厨房斟了一杯速溶咖啡，不放糖，只放牛奶。出来时，也给水晶端了一杯。

她是那么爱喝咖啡，而且只要喝上一口就不会停下来。平静下来后，张爱玲给了自己的作品这样一段评价：

> “谈到她自己作品流传的问题，她说感到非常的uncertain（不确定），因为似乎从‘五四’一开始，就让几个作家决定了一切，后来的人根本就不被重视。她开始写作的时候，便感到了这层困恼，现在困恼是越来越深了。”（节选自清秋子：《爱恨倾城小团圆》）

我们无从得知她的困恼从何而来，但不可否认的是，当时的中国文坛的确被那些“五四”以来的作家所垄断。张爱玲就像一株求生的小草，在夹缝中艰难地生长。难怪她自己没有把握，甚至有了不确定性。

若她知道，多年后的今天，张爱玲的书迷就像浪花般扑过来，声势浩大，犹如海啸时，该会有多高兴，又是否会很欣慰呢？

在大风大浪面前，她从容不迫，依旧坚持着自己的风格。即便所有人都在描绘大上海的富丽堂皇、色彩缤纷，她也会毫不客气地写出暗淡破败，写出人心险恶。她心中的上海，就像古代的“大西洋城”，永远沉到了深海之中。

张爱玲是顽强的，也是固执的。

她身体里流淌的血液，犹如翻滚的江河，充满了生机，也充满了挣扎。有时，她不是一个人在战斗，因为身后有无数的作家像她一样，垂死于荒冷的冰山一隅。有时，她又是一个人在战斗，因为除了她，无人可登上那一座高峰。

水晶走的时候，已经到了凌晨两点半。他仍旧依依不舍，甚至想再聊一会。然而张爱玲早就疲乏了，况且她身体也不舒服，不适合通宵畅谈。但是，两人的谈话就像一场华丽的聚会，还没有到谢幕的时候，而水晶的激动之情，良久良久，从未平息。

临行前，张爱玲送了他一本亲笔题赠的《怨女》英文本。

水晶手捧着书，沉思了很大一会儿。他知道，这是很大的荣耀，因为有无数张迷想得到她的亲笔题赠书而不得，他却有幸。

张爱玲说，这次谈话十年难得一次。而朋友间的会面，有时则是终身才得一次。

同样都是难得，同样都是不舍。

也许，她心中很惆怅，既想有朋友来看她，又怕他们来看她。她是一个矛盾的人，而这样的矛盾困扰了她一生。

她又是一个孤独的人，喜欢处于安静的环境中，又想飞跃内心的落寞。

水晶的造访，成了她一生中唯一一次开怀畅谈。

从那以后，再未有过。

在这一年，还发生了一件事，张爱玲又参加了一次“亚洲年会”。相较于前些年，如今的她自然随和了不少。在波士顿，她见到了夏志清、庄正信、於梨华，并和三人吃了午餐。

席间，於梨华曾小心翼翼地提议，希望她能去加州大学，给学生们做一次别开生面的演讲。那时，於梨华从未奢求过她能答应，因为张爱玲就是张爱玲，她做事自有裁断，别人无法揣度。

令於梨华吃惊的是，她居然答应了，而且干脆利索。

这是张爱玲一生之中唯一一次演讲，从前她不敢于在人群中讲话，不敢于在人海中张望。她的害羞和腼腆，似乎是与生俱来的。

然而，如今却肯买於梨华的账，可见她对於梨华的重视程度。

演讲时间定在下午三点到四点钟，於梨华知道她喜欢黄昏，便挑了一个还算不错的时间点。当天清晨，於梨华极度紧张，她顾不得时间还早，立刻赶赴机场迎候。张爱玲没有来，飞机也未到站。她坐在机场的咖啡屋中一口一口品着黑咖啡，彼时心脏都快跳出来了。

那时，一个极坏的念头划过她的脑海：若等不来张爱玲，只有一个不好的结果，飞机出事了。

二十分钟后，於梨华才从胡思乱想中抽离出来，因为此时张爱玲已从机场走了出来。她穿着灰色的薄呢裙装，肩上装饰着一条紫红色的丝巾，并没有戴眼镜。显然，她的打扮时尚又典雅，肯定是做了某些“精雕细刻”的。

若论一眼望去，也许未有惊艳的错觉。然而，於梨华却被张爱玲的气质所吸引，曾充满深情地回忆：“她的模样确是独一无二。”

没错，就是世上再不曾有，也不多见。

两个人赶到学校的时候，已经迟了十几分钟。若是别人，此刻恐怕紧张得不得了了。然而此时张爱玲却有一个小小的要求，她要去洗漱间整理一下，因为她还不甚满意自己的模样。

镜子中的张爱玲很优雅，一缕青丝垂在肩上，淡红色的唇角分外庄重。也许，她来之前就不知对着镜子梳理了多少遍，而今还要梳理，定是怕被人捕捉到一丁点不好的样子，遭逢耻笑吧。

站在讲台上的张爱玲很特别，未有平时的冷漠，也不曾寡言少语。她演讲的题目叫《奇异的西方人：从一个未经驯化者的角度》。

在台下的学生眼中，她的英语说得很流畅，字正腔圆，颇有英国人的味道。原本，她打算脱稿演讲，也想多与台下的学生互动。然而到了后面，她又不得不开始念稿，也许担心时间来不及了，念稿总比肆意迸发思想能抓住时间。

一下午的演讲，让一直沉溺于自身世界里的张爱玲有了一丝欣悦。不论怎样，出来与陌生人谈谈文学，终究是一件很开心的事情。比较文学系专程为她准备了茶点，想留她吃一些再走。她却说要赶飞机，恐怕来不及了。

其实，哪里是来不及，她只是不想去而已。

或许，在她心中一直很排斥与不认识的人一块吃饭，那些不自在的场合，她从来都不喜欢。

於梨华不放她走，两人商量了很久，才决定到学校附近的咖啡厅坐坐。

在美国的这些年里，咖啡成了她每天必备的饮品。其实，她从前并不爱咖啡，只喜欢喝茶。然而美国买不到好茶叶，她也就作罢，开始习惯喝咖啡。

那天在咖啡屋中，张爱玲没有点咖啡，却点了一杯香草冰淇淋苏打。当服务员端着饮料走来时，她的眼睛一直盯着杯子，只等放下后，才迫不及待地拿起吸管，像一个十几岁的孩子，快乐地喝着饮品。

那是可爱的张爱玲，处处透着孩童的天真。

她没了清高，没了孤傲，也没了一个人的凄凉。

原来，她也会笑，而且笑得很纯真，笑得很烂漫。彼时，於梨华很诧异，但片刻后又很释然。因为她知道，所有人眼中的张爱玲并非是真正的张爱玲，而真正的张爱玲，应是一个从神坛上走下来的普通大众。

喜怒哀乐，一应俱全。

在伯克莱大学的工作，是她一生中最后一份工作。任期满后，她就开始了漫长的隐居生涯。她爱月亮，就像一只蝉，喜欢趴在树干上静沐月华。那些日子里，只要有月色挂满枝头，她就像一个少女般倚在窗台畅想。

或许，梦总比现实要美好很多。

在加州的工作没了，她亦不愿在此长住。她在给朱西宁的信中曾说："来加州后，尤其去年十一月起，更瘦成一副骨头。"（节选自朱西宁：《迟复已够无理——致张爱玲先生》）

可见，她并不适应加州伯克莱的生活环境。这里天气终年寒冷，张爱玲动不动就感冒，身体根本吃不消。曾经，她很喜欢纽约，打算离开伯克莱就赶赴那里。然而到了七十年代，纽约的犯罪率猛增，治安条件很差。最终，她放弃了，选择了加州的洛杉矶。

在庄正信和他的妻子杨荣华的帮助下，张爱玲在洛杉矶的好莱坞区找到了一套房子。她确定后，说搬就搬，没有片刻犹豫。那间公寓设备齐全，所以她没有什么好带的，思前想后，只带了一个铜制落地灯。

搬家那天，庄正信和杨荣华都去了。那是杨荣华第一次见到张爱玲，惊诧之余，更甚怜惜。原来，她看到张爱玲的手掌上有一大块瘀青，就像被人勒了一下，颜色很深。

杨荣华还没来得及问，她就道歉似的回答，说是捆绑行礼时绳子勒的，还说自己笨手笨脚的，做什么事都做不好。

后来，杨荣华在《在张爱玲没有书柜的客厅里》曾说道："她露在无袖旗袍外的两条臂膀是那么细，走在路上又是那么勇往直前，目不斜视，使我忍不住跨到她的右侧摆出护卫的架势：有车来为她挡车，有风来为她挡风。"

那是怎样的娇弱，使得杨荣华都疼惜起来。

她们都是女人，在男人的世界里，彼此都是弱小的。然而，杨荣华竟甘愿为她挡风，为她挡车，甚至为她甘做护花使者。由此可见，那时的张爱玲真的很需要有人保护，需要有人分担生活的重担。

然而，她就是一个孤立的人，自赖雅走后，任凭是谁都无法闯入她的世界。她习惯了每天一个人的日出日落，也习惯了房中沉静如死的氛围。所以，无论庄正信夫妇多么友好，在忙完后，她仍旧说了一句："就当我住的地方是老鼠洞吧。"言下之意，不希望任何人来打扰她。

后来，她给了庄正信自己的电话号码，却又补充说：“不会接任何电话。”

她是何等固执，又是何等不近人情。这种“过河拆桥”，又没有人情味的做法，世上，也只有张爱玲能做出来。

那晚，从她的新家出来，庄氏夫妇突然生出一丝哀伤，不是因被人伤了心而难过，而是对张爱玲一个人的生活略有担心。她那么弱小，若出了事该怎么办？家里没有男人，碰到坏人该怎么办？她如此固执，生了病却不愿就医，又由谁来照料？

想着想着，杨荣华越来越心疼，止不住的泪水顿时划过眼眶，与这凄冷的月光相得益彰。她也不知是因为同情还是因为心疼，但心里终究不是滋味。

过了一段时间后，庄氏夫妇要搬家了，就给张爱玲写了一封信告知。没想到，还未等两人缓过神来，她的电话便打了过来。原来，她真诚邀请两人来公寓坐坐，还叮嘱杨荣华，别忘了带全家福。

全家福？

她是要看看别人家幸福的生活，然后对照自己的悲惨孤独吗？

还是，她喜欢看别人的热闹，听别人的故事？

或许都不是，或许那只是过去较郑重的交友方式，又或许是因为她的确太孤单了。

庄正信夫妇来到她的家中后，发现客厅里空荡荡的，没有什么值钱的东西，更没有太多装饰品。在一个不算高的柜台上只有一台电视机，竟连个书架都没有。

她那么爱写作，又那么喜欢看书，为何没有书架呢？可能是漂泊惯了，家搬得多了，书也丢得七七八八，到后来干脆再也不存了。

从杨荣华手中拿到相册薄，她饶有兴致地看了一遍，就像大眼看过了别人的人生。而后，她也把自己的相册薄拿出来给两人欣赏。泛黄的相片，破旧的装帧，也不知存了多久。可张爱玲就是拿着它像宝贝一样供着，因为那些相片像是记载了她成长的履历，镌刻着一生的印记。

庄氏夫妇看呆了，他们无论如何也想不到，那个让他们敬重的女作家，一辈子竟会如此的波澜壮阔。庆幸，他们看到了这些相册，此后的日子里，即便时光荏苒，也带不走弥留的记忆。

半夜三点多，马路上断绝了车鸣声，外面依旧霓虹交错，但却少了喧嚣的声音。

安静，死一样的沉闷。

张爱玲就喜欢这样的时间，无人打扰，无人来往。而庄氏夫妇却很排斥，因为他们终究到不了归隐的境界，仍旧是花花世界里的一株草和一束花。

第二天一早，杨荣华从商品店买了一个精致的大照相薄，为了不打扰她，就托公寓管理人转交给她。毕竟，那么重要的相片却被一个破旧的相簿装着，实在有点让人看不过去。

我们无从得知，她看到如此精致的相簿会做何感想，至少会流露出一丝欣喜吧。毕竟这个世上还有人那么关心她，那么惦记她。

不过，幽居的日子终究是她最喜欢的。因为脱离红尘，远离俗事，未尝不是一种解脱。

她住的好莱坞东区的Kingsley公寓是一个长条形的建筑，放眼望去，整栋房子很古老，犹如一位安详又历经沧桑的老人。公寓门前有一棵棕榈树，长长的叶子像是古时的羽扇。彼时，白色门墙上爬满了青藤，阳光漫下来，犹如披上了青色的敞衣，格外美丽好看。

这里是南加州，比她当年去的北加州温暖些。不过，此地并不适合居住，因为后工业化社会的一切问题都从这里浮现了出来。然而张爱玲并不在意这些，她只在意是否能守住隐私，不让外界的任何风声吹进来。

恰好，这里对个人隐私有绝对的保障，她住得很舒心，而且一住就是十年。

一个人能有几个十年？况且她已经五十几岁，也没有多少个十年可以过了。以往她常搬家，而今却落户不搬，想来也是一种依恋吧。

那些年里，张爱玲彻底消失在大众的视线里。

她到底在干什么，又遇到了哪些新奇的事情，别人无从得知。不过，皇冠仍旧在出版她的新作，就像雨后春笋般，越发茁壮，大量涌现。

如今，张爱玲离我们越来越远，她的痕迹也葬送到历史的长河中。但从她往昔出版过的书中可知，那段时间里，她一直沉迷于修改旧作中。

1978年，《相见欢》、《色·戒》、《浮花浪蕊》在皇冠杂志上刊登。到了1983年，皇冠又集结了她的旧作《殷宝滟送花楼会》、《多少恨》等短篇，拟名为《惘然记》出版。

在这本名叫《惘然记》的书中，她曾作序说道："这三个小故事都曾经使我震动，因而甘心一遍遍改写这么多年，甚至于想起来只想到最初获得材料的惊喜与改写的历程，一点都不觉得这期间三十年的时间过去了。爱就是不问值得不值得。这也就是'此情可待成追忆，只是当时已惘然'了。因此集结时提名为《惘然记》。"

有多少人会对三十年前的故事仍旧满意的？

她却钟爱，而且爱得不得了。想来，这三个故事对她影响很深吧，即便不是亲身经历，也一样可以铭记一辈子。

她又说"爱就是不问值得不值得"，蓦然间，我的脑门被猛击了一下，像是着了魔，又像是中了蛊——她到底在说给谁听。

多年来，她的爱情恍如一块水晶，却又不是特别清透的那种。因为很多人都知道她第一个爱上的人是胡兰成，第二个是赖雅。然而，却没有人知道，她到底爱哪一个更深一些。

那些被历史的潮水冲上岸来的往事，只得靠她自己拾起，自己遗忘了。

别人终究是揣度，无法接近她的本意。

她讨厌“索隐派”，也不喜欢别人刨根挖底地看一件事。世上有很多事都没必要说得明明白白，毕竟每个人都有自己的私生活，外人又何必自作多情?

然而，不少人还是喜欢发掘小说人物的原型与背后的真实故事，尤其是当张爱玲发表了《色·戒》后，更引起很多人的关注。小说的女主人公叫王佳芝，她以色诱的方式接近汉奸，而后试图谋杀汉奸，结果却惨遭迫害。有些人考究过这个故事，大多数认为，这就是改编自大汉奸丁默邨的轶事。更有人认为，提供给张爱玲材料的人一定是胡兰成。他可是当时汪精卫手下炙手可热的汉奸，故事中的细枝末节，也独胡兰成最清楚。

也有人提出了反对的意见，他们觉得《色·戒》更像与张爱玲齐名的女作家关露的故事。当时，宋淇也参与到了小说原型的争议中来，他言之凿凿地告诉公众，张爱玲的整个故事来自于他早年告知她的北大学生的故事。

有时我真想不明白，这些人为何要为一个小说原型争论不休？难道仅仅是为了还文学一个真实，还是所谓的借张爱玲之名攀高枝?

我总觉得，那些有所图的人，才会抓住某个热点，使别人关注自己。殊不知，有些自说自话的人是很讨人嫌的。

张爱玲很清楚自己的创作态度，她写的不是某个人，而是千千万万个献身革命的英雄的缩影。这个世上，任何作家的创作都是无拘无束的，思想飞到哪里，故事就停顿在哪里。有时候，就连原本想好的结局也控制不住。

他们的感情，就仿佛东去的流水，踏着稳健的浪花，四处冲撞。

迸发，激烈。

尤其当从山崖上倾泻而下的时候，犹如开山劈石的闷雷，发出振聋发聩的声音，激起千万朵追寻自由的水花。文学亦是如此，从生活中来，到生活中去。她不反对那些寻找缩影的人，却反对无数个曲解故事的局外人。

后来，在一阵阵探轶的热潮中，她写了一篇《羊毛出在羊身上》的文章来反击。若不是有那么多人陷入《色·戒》制造的迷雾中无法自拔，她也许不会挺身而出。而这篇文章也是张爱玲继《有几句话同读者说》后，唯一一次替自己辩解。

她要向公众澄清的是一个十分敏感的词“汉奸”，而这个词竟像恶魔般伴随了她一生。但凡认识张爱玲的人都知道，胡兰成是她的第一任丈夫，也是一个出卖国家又背信弃义的负心汉。

汉奸成了胡兰成的代名词，却也成了她永久挥之不散的阴影。她是要向大众说明白，她也是受害者，而她却没有失去民族大义。

“看到十月一日的《人间》上域外人先生写的《不吃辣的怎么胡得出辣子——评〈色·戒〉》一文，觉得需要阐明……

此外域文显然提出了一个问题：小说里写反派人物，是否不应当进入他们的内心？杀人越货的积犯一定是自视为恶魔，还是可能自以为也有逼上梁山可歌可泣的英雄事迹？

……域外人先生甚至于疑惑起来：也许，张爱玲的本意还是批评汉奸的？也许我没有弄清楚张爱玲的本意？

……我最不会辩论，又写得慢，实在匀不出时间来打笔墨官司。域外人这篇书评，貌作持平之论，读者未必知道通篇穿凿附会，任意割裂原文，予以牵强的曲解与‘想当然耳’：一方面又一再声明‘但愿是我错会了意’，自己预留退步，可以归之于误解，就可以说话完全不负责。我到底对自己的作品不能不负责，所以只好写了这篇短文，下不为例。”（节选自张爱玲：《羊毛出在羊身上》）

也许她太生气了，不然，不会在文章中用了这么多义愤填膺的词句。在域外人先生眼中，张爱玲曾爱过胡兰成，就一定对汉奸有所留恋。甚至，他认为在张爱玲的世界里，胡兰成永远都是最美好的，最不容别人玷污的。

殊不知，她的恨远比爱更强烈。

因为，谁一辈子都有可能爱错人，而当时爱上了又有什么法子？如今，她的创作早已过了那个不明就里的年纪。她懂得国仇家恨，也懂得民族大义，又怎会为了一个不值得的人，写出出卖国家的言论呢？

后来，张爱玲在集结《惘然记》出版时，也特别提到了这一点：

> “写反面人物，是否不应当进入内心，只能站在外面骂，或加以丑化？时至今日，现代世界名著大家都相当熟悉，对我们自己的传统小说的精深也有新的认识，正在要求成熟的作品，要求深度的时候，提出这样的问题该有多余的。但是似乎还是有在此一提的必要。
>
> 对敌人也需要知己知彼，不过知彼是否不能知道得太多？
>
> 因为了解是原恕的初步？如果了解导向原宥，了解这种人也更可能导向鄙夷。缺乏了解，才会把罪恶神化，成为与上帝抗衡的魔鬼，神秘伟大的‘黑暗世界的王子’。至今在西方‘撒旦教派’‘黑弥撒’还有它的魅力。”（节选自张爱玲：《惘然记》）

她不是一个记仇的人，所以一生只写了两篇回应反对者的文章。她也不是一个小肚量的人，不然就不会在人人污蔑的境况下，淡然以对了。但是，在大是大非面前，在严谨的文学创作道路上，她又不得不说明白，不得不让更多的人了解她的创作初衷。因为以讹传讹，只会让腐朽的思想蔓延，于她，于大家，都不是好事。

她是一个很爱干净的人，不论是肉体还是精神，都绝容不下一丝污秽。

所以，她每天都会洗澡，每天都要做护理，每天都要消毒。

她又那么爱清静，那么喜欢一尘不染的世界。

所以，幽居，闭关，成了她一辈子最爱的事情。

可偏偏世上总有那么几个浑浊的人，明明自己已经肮脏不堪，却还要往她身上泼脏水。

她恨透了，也恼怒了，甚至不得不洗掉污渍，重新开始。

多年后，《续集》出版上市。她在自序中这样说道："我是名演员嘉宝的信徒，几十年来她利用化装和演技在纽约隐居，很少被人识破，因为一生信奉'我要单独生活'的原则。"

她也是这样，信奉单独生活。

因为她知道，出了静谧的深林，到了浊世之中，沾着人就沾着脏。

浮萍送尽流光

曾经，张爱玲在《红玫瑰与白玫瑰》中写过这样一段话：

> “每个男人一生大概都会爱两个女人，一个是白玫瑰，一个是红玫瑰。当你得到红玫瑰，她便成了墙上的一抹蚊子血，而白玫瑰就成了床前明月光。当你得到白玫瑰，她便成了衣襟上难看的白米粒，而红玫瑰则是胸口永远的朱砂痣……”

她说得那么贴切，又那么深情，就仿佛亲身经历，深深打上了“张爱玲”的专属。其实，每个女人的一生，又何尝不会爱上两个男人？一个是千年酿成的毒，一个是万年配制的解药。

早年，即便是毒，她也会义无反顾地饮下，而后强颜欢笑，任唇角划过肆意妄为的鲜血。那时，爱情之于她是神圣的，也是不容侵犯的。

因此，她宁肯背负天下人的骂名，也愿陪他走一遭。

刀山火海，地狱天堂。

然而，错就是错，若一个人的心变黑了，就永不可能有变白的一天。

胡兰成的自负和多情，让她伤痕累累，千疮百孔。

她唯有离开，唯有遁逃，除此之外，别无他法。

彼时，她默然希冀，天涯海角，只愿再无那人的讯息。

自从遇到赖雅，开始一段新的感情，她的心，也像春天的花儿悄然复苏。她又一次尝试到爱的味道，不是早年的酸甜，反而有了历经沧桑后的平淡。

或许，那种感情就像一杯白开水，品不出味道，却很透明，很清澈。在世人眼中，比起胡兰成的捉摸不透，赖雅终归是一个好归宿吧。

而今，她的两个男人都死了。一个是心死了，一个是人死了。若一个人心死了，即便还活着，也一样不复存在。而若是人死了，那即便是死去了，一样也活着。

她小心翼翼地将所有心事包裹起来，而后封藏于装满孤寂、厌世的屋子里。以后的风清月朗，以后的花开花败，只要关乎风月，都与她无关。

遁世洛杉矶的二十年里，她潜心修改旧作，也全身心投入到研究《红楼梦》和翻译《海上花列传》上。

时至今日，《海上花》也许早就被人遗忘了。然而，当我们想起张爱玲，当寻找她踏过的痕迹，还是会禁不住翻开这本书看看。有时，我宁愿相信这是爱屋及乌的诱惑，而非作品本身的魔力。

如今，市面上的《海上花》分为两册，一个是《海上花开》，一个是《海上花落》。光是冲着名字，就有一种温暖人心的感觉。

春暖花会开，秋冷花易落。

一年四季的轮回再生，有了生命，也就有了希望。

只是，一个人的一生，又是否能像花一样，享受轮回呢？我们宁愿相信有轮回，因为有了轮回，也就能看到张爱玲的再生。不过，我们也希望，她重生时再也不要历经那么多磨难了，就这样安安稳稳地过一辈子，比任何经历都来得实在。

张爱玲很喜欢《红楼梦》，为之付出了大半辈子的心血，终于写成了《红楼梦魇》一书。然而，当我们拿起《海上花》来看，又似乎从中发现了什么。

原来，书中大量运用了白描的手法。白描，就是以不写背景、不求细致、不尚华丽的特点，对作品进行创作。

张爱玲在《海上花》中的白描手法，细读之下，惊艳非常。其实，这种写作手法并不是她的独创，只是承袭了《红楼梦》的风格。然而，张爱玲的聪明之处在于，她不仅仅会借鉴，反而也学会了升华。她的《海上花》要比《红楼梦》淡远得多，甚至有种平淡而近自然的意境。若说她为何这般创作，恐怕与胡适脱不了干系吧。

在《海上花》译后记中，我们能很清楚地看到她的白描手段，很高明，也很凝练："《海上花》写这么一批人，上至官吏，下至店伙西崽，虽然不是一个圈子里的人，都可能同桌吃花酒。社交在他们生活里的比重很大。就连陶玉甫李淑芳这一对情侣，自有他们自己的内心生活，玉甫还是有许多不可避免的应酬。李淑芳这位东方茶花女，他要她搬出去养病，‘大拂其意’，她宁可在妓院‘住院’，忍受嘈杂。大概因为一搬出去另租房子，就成了他的外室，越是他家人不让他娶她为妻，她偏不嫁他做妾；而且退藏于密，就不能再共游宴，不然即使在病中，也还可以让跟局的娘姨大姐盯着他，寸步不离。一旦内外隔绝，再信任他也还是放心不下。”

张爱玲醉心《红楼梦》，在整个文艺圈，已经不是新鲜的事儿了。然而，她读《红楼梦》的年纪，恐怕比一般人要早很多。

二十世纪二十年代末，七八岁的张爱玲第一次读《红楼梦》。在那个懵懂的年纪，大多数孩子还沉寂在逃学和玩耍的世界里。她却很诧异地扪心自问：“《红楼梦》后四十回为何不好看了？”

若能品出不好看，可见她看得该有多细，领悟能力该有多高。即便如今的成年人再看《红楼梦》，恐怕也不一定能说出前八十回和后四十回到底哪儿存在问题，哪儿不好看。

1954年，她第一次从香港看到研究《红楼梦》八十回之后故事的专著。买下几本后，竟一发不可收拾，从此但凡市面上有新的解读《红楼梦》的书，她都会买来看，而且有“惊喜交加，石破天惊”的感觉。

在她动笔写《红楼梦魇》之前，曾把整本书的大纲给宋淇看过。同样是红迷的宋淇看过后，没有以文人相轻的语调挖苦她，反而很惊喜地说她写得很新奇，前所未闻。从那以后，偶有时间，宋淇就会问她，《红楼梦魇》写得怎么样了，他想看看。

这本书直到1977年才写完，也是她生平唯一一部学术著作。全书一共十万余字，收录了《红楼梦未完》、《红楼梦插曲》、《“五详”〈红楼梦〉》等七篇论文。张爱玲的视野独特，不像其他红学家般，打着探轶抑或者解密的口号。她走的是红学中考据派的路子，侧重于考证文本和版本。

她的想法很单纯，就是要站在小说作者的角度上，以作家的身份来审视这部作品。相较以往，红学家们只是搞学术研究，而忽略本真的缺点，张爱玲的大胆尝试，明显充满了独特性和唯一性。

不过，读者们似乎对《红楼梦魇》的评价不高。在他们眼中，张爱玲永远是小说界的天后，如今突然转行做了学术研究，还真让人有点不适应。也有不少人曾提出，这本书的行文过于散漫和沉闷，读起来并不舒心。

然而，这些并不是读者们最关心的，他们害怕再也看不到张爱玲的小说，害怕她扎进《红楼梦》中无法自拔，从今往后，只能是“十年一觉迷考证，赢得红楼梦魇名”了。

不!

每个人都有自己的兴趣爱好，张爱玲也是人，自然也会有。站在创作者的角度来看，她对于《红楼梦》的着迷，完全是因为小说所创造的巨大吸引力。自《红楼梦》成书以来，它就像魔一样让无数的读者为之着迷。大家对这本书的热忱，也在经年之后，越发浓厚。

张爱玲曾说：“偶遇拂逆，事无大小，只要读一会儿《红楼梦》就好了。”

如此看来，《红楼梦》成了她疗伤的药，也成了那无数个日夜中最温暖、最纯真的期许。她曾在《论写作》一文中这样谈道：“像《红楼梦》，大多数人于一生之中总看过好几遍。就我自己来说，八岁的时候第一次读到，只看见一点热闹，以后每隔三四年读一次，逐渐得到人物故事的轮廓、风格、笔触，每次的印象各个不同。现在再看，只看见人与人之间感应的烦恼。——个人的欣赏能力有限，而《红楼梦》永远是‘要一奉十’的。”

为何说“现在再看，只看见人与人之间感应的烦恼”了？

我想，此时的张爱玲已经蜕变了，再也不是当初那个未经世事的少女了。人总是要长大的，也总是要历经各种困难险阻的。世人都说《红楼梦》是一本百科全书，原因就在于，不同的人能从中看到不同的自己。

张爱玲老了，看惯了人情冷暖，也历经了红尘俗世。所以，她眼中的《红楼梦》是人与人之间感应的烦恼，也就毋庸置疑了。

当两个工程浩大的作品即将接近尾声时，张爱玲还是控制不住双手，又写了一部《同学少年都不贱》的中篇小说。这是她晚年唯一一部完成的小说，也是一部书名怪异，不同于她早年小说的作品。

若是只看书名，相信很多读者都不知取自何处，更有甚者会以为这并非张爱玲的作品。其实，这本书的书名还真有来历，源自于杜甫的《秋兴八首》中的句子：“同学少年多不贱，五陵衣马自轻肥。”

从字面意思上来看，“同学少年多不贱，五陵衣马自轻肥”在说：“当年那些白衣翩翩的同窗或是挚友，如今都过上了锦衣玉食的生活。”可想而知，当杜甫脱口而出时，该是怎样的凄凉呢？

张爱玲借杜甫之口，说尽自己晚年的处境，想来也是一种无奈，一种哀伤。或许她在暗讽，这个世上人与人之间本就没有贵贱之分。可是，命运的拨弄还是会让人地位悬殊。因此，有的人能乘风破万里浪，而有的人则只能卑贱一生，无依无靠。

小说的故事从教会学校的四个女生入手，其中有两个女生叫赵钰和恩娟。在学校时，她们的身份没有任何差别，一块上课，一块下课，一块玩耍，一块吃饭。然而随着毕业，两人慢慢踏入社会，却意外地发生了很大的逆转。恩娟遇到了“贵人”，嫁得好，所以进入了上层社会。而赵钰恰恰相反，沦为平庸，天天为生计犯愁。

曾经，她们都那么普通。

而命运的捉弄，又让彼此不再一样。

一个是有婚姻没爱情，一个是有爱情没婚姻。

也许，这就是差别，也是宿命的安排。

有人说，生活就是生下来，活下去。可是，我们降生了这么多年，却仍旧不明白，我们为何而活，怎样活下去?

在这本小说中，张爱玲首次尝试跨度大的创作方式。

这次，她不再局限于某个短暂的时间段，反而将战线拉长为四十年，从三十年代写起，直到七十年代终止。小说的背景也不只单纯地设定在上海，她把从美国漂泊的亲身经历杂糅了进来，从上海一直写到美国。在性的描写上，她做了一次大胆的尝试，甚至将同性恋这一敏感禁忌的话题也写了进去。

只不过，小说写成后，她没有急着发表，甚至发现有不少地方需要改动。于是，《同学少年都不贱》的手稿就压在了宋淇的手中，在她生前一直没有发表。直到2004年，张爱玲去世近十周年后，小说才在大陆和香港陆续问世。

那时，她的传奇性，早已无可复制。

八十年代是“张爱玲热”最疯狂的一个时期。不论是大陆还是香港和台湾，所有张迷都翘首企盼着她能荣归故里。然而，她却一直沉寂在自己精心打造的“老鼠洞”中，一晃就是十余年。

山高路远，海阔水深。

而她，依旧不染尘寰，不理尘世。

那些被她遗忘了的旧作，那些她如今都不会翻阅的小说，现在却成了无数年轻人心中永奉的经典。

港台的电视电影业看到了商机，争相翻拍张爱玲那些经典的短篇小说。于是，周润发、叶玉卿、陈冲、赵文瑄等人，成了张爱玲笔下活跃在银屏上的人物。

即便到现在，这几个明星的势头依旧不减，更何况当年他们都还年轻，正值风华正茂的年纪。我在想，当年看张爱玲电影的人有很多吧，而票房肯定也是空前绝后的。

若是拿到现代来看，张爱玲一定是畅销书榜的老大。在这个大IP的时代，她的作品肯定会被网络剧、微电影、大电影、电视剧等媒体轮番轰炸。

我不禁想起1990年三毛任编剧，林青霞和秦汉主演的电影《滚滚红尘》。世人都说，这部剧就是映射张爱玲和胡兰成的。我于漆黑的长夜中一个人观看，从沈韶华被父亲关在房中郁郁寡欢，拿着毛笔胡乱书写，到她遇到人生中第一个最爱的男人，也是她的读者章才能，再到奋不顾身地爱上他，毫无怨言。

蓦然间，我的心被深深地触动了。说来也奇怪，我看完后虽然很感动，但却不是为剧中剪不断理还乱的爱情。那时，我脑海浮现的是现实中的张爱玲。

孤苦，无依。

没有子嗣，也没有亲朋。

她就像逃离红尘的僧尼，又像销声匿迹的隐士。

可越是远离，就越让人心疼她的生活。因为一个人即便生活得再清静，也不一定能照顾好自己。尤其是到了年老的时候，身边最需要一个伴。

然而，她的伴在哪里？

或许，都化作一抔黄土，随风而逝了吧。

1979年，一件天大的喜事飞进了张爱玲的耳朵里。原来，她的姑姑张茂渊结婚了，丈夫是她六十年来苦恋的情人李开第。

这一年，两位老人都已经七十八岁了。流光易老，故事未完。

张爱玲清楚地记得，当年姑姑有一个淡红色的霞帔。在那个条件富裕的年代，姑姑曾有无数的奇珍异宝，而只有那件霞帔是她最疼惜、最不舍的。有时张爱玲很纳罕，甚至一点都不理解："姑姑不重视珍宝，偏偏爱一件破衣，是不是疯了？"

如今，当她拿到当年在香港大学充当她监护人的李开第寄来的信笺时，整个人突然泪意潸然起来。原来，李开第要娶姑姑，而姑姑等了他整整五十二年。

五十二年，大半辈子啊！

一个女人竟如此坚守，一直不嫁，也不与任何男人暧昧。这份情，不论在哪个年代都是很值得颂扬的。

张爱玲才恍然大悟，姑姑奉若珍宝的淡红色霞帔，其实就是李开第送给她的定情信物。

五十二年她都一个人走过来了，而曾经的信物又怎会丢弃呢？

这一年，张爱玲收到了阔别大陆二十七年的姑姑寄来的信笺。不久后，她也立刻回了一封，并且在信中自称"煐"。没错，那是她在上海时的名字，也只有在最亲近的亲人面前，她才会称这个名字。

张爱玲太想念姑姑了，想得有点心疼，甚至想立马飞过去看她。

“姑姑：

今年2月我吃了五十年的埃及草药忽然失效，去看医生，医生向来视为一种毒瘾，不戒就不受理的。(结果还是自己想法子改变煮药法才好了。)检查身体，发现有一种infertion——‘a proteus organism’，我问不出什么来。吃了药马上就好了。可能是住了两年旅馆染上的，与皮肤病不相干。当时以为是跳蚤变小得几乎看不见，又再住了两年旅馆。此外只查出吃的东西胆固醇还太高了些，虽然早已戒了肉、蛋。费了好些事去改。3月间过街被一个中南美青年撞倒，跌破肩骨，humerus fracture。这些偷渡客许多是乡下人，莽撞有蛮力。照医生说的整天做体操、水疗，累极了。好得奇慢，最近才告诉我可以不用开刀了。右臂还不大有用，要多做体操练习。皮肤忽然蔓延到‘断臂’上，坏得吓死人，等手臂好了再去看医生。眼睛也有毛病，好几个月了，要去看。有一两个月没去开信箱，姑姑的一封挂号信没人领取，被邮局退还。这些时没消息，不知道姑姑可好些了，又值多事之秋，希望日常生活没太受影响，非常挂念。前些时就听说现在汇钱没用，汇来也无法买东西，一直想写信来问可有别的办法。上次来信伤臂写字不便，只写了个便条。姑姑千万请KD来信告诉我，让我能做点事，也稍微安心点。我等着回音，两星期去开一次信箱。KD好？念念。

瑛

八月二十日”

（节选自西岭雪：《张爱玲传》）

从这封信中，我们看到了一个晚年被恶疾缠身的张爱玲。她的身体状况很差，眼睛、皮肤不再完好，甚至出现了各种各样的毛病。然而，她在一面强撑着生活的同时，心里想着念着的，无不是远在故国的姑姑。

那个曾经待她如亲生女儿的人，那个让她一生惦念的人，那个为了爱情半世不嫁的人，如今可好？

张爱玲知道姑姑生活艰难，曾想过各种法子给予姑姑帮助，甚至想立马汇钱给她。但是，当时美元在大陆并不能用，即便汇过去也是枉然。后来，她想到了一个好的法子——她把在大陆出版作品的版权交给了李开第。

有了这笔钱，也许两个人就能过完余生了吧。想到这里，她的心里多少有几分释然。

然而，事情的结果果真如张爱玲预料的那般吗？

当我们翻开金宏达写的《张爱玲：非关“炒作”》一文不难看出，有些事还是不尽如人意的：

“当年犹豫再三，恐怕赔本的出版方同意签约出版《张爱玲文集》后，经其姑父李开第先生要求，张爱玲予以授权，只是意在以每千字25元的微薄稿费，济助亲属，嗣后不久，内地盗版盛行，台湾皇冠提出交涉，此项授权遂终止。内地无数版本的张氏作品，无论有无合法授权，一分收益也与张爱玲无关。”（节选自金宏达：《张爱玲：非关“炒作”》）

从这篇文章中，我们不难看出张爱玲的金钱观。她既然选择幽居起来，也便早就淡泊名利，淡泊钱财了。在她眼中，钱够花就行，而人生还有很多既定的目标，并非钱财可以达成。

早年的家庭阴影，让她恨透了家中人。父亲、后母，每一个人都像恶魔般出现在她不眠的夜里。或许是那些忘不掉的曾经，才使她对自己的弟弟也狠了心。

张子静的一生跌宕起伏，自从生下来就没人爱，无人疼。所以，他常常过着父不疼、母不爱、姐不亲、姑不怜的生活。

少年时想逃离那个晦暗的家庭，便抱着一双球鞋找到了在姑姑家居住的母亲。然而，母亲的话很冷淡，只说负担不起。就这样，他连在姑姑家吃一顿饭的资格都没有，又折回家中。

他见不到姐姐，也搭不上话。直到某天，姐姐离家出走，也未告知他一声。那个秋风正紧的黄昏，他推着自行车走在萧索的小巷里，一个人默默地抽泣，任无情的秋叶划过葱白的脸。

孤单，落寞。

时光在荏苒间，成了一辈子。

1981年底，在《文汇月刊》上刊载了一篇张葆莘的《张爱玲传奇》一文，身处大陆的张子静无意间看到了这篇文章。

彼时，他太开心了，整个人都像年轻了十几岁。要知道，那时大陆刚刚改革开放不久，文化领域正在革新，而张爱玲的名字也是自新中国成立以来，第一次这么隆重地出现在大陆的舞台上。

为了寻觅到姐姐的踪迹，张子静在台湾的亲戚和美国的朋友的帮助下，很顺利地联系到了张爱玲。他还一再给张爱玲写信，劝她回到故国看看。然而，她终究没有答应，内心仍旧固执得如同一块玄铁，又硬又冷。

或许，她不回来，自然有她的道理。

毕竟，上次台湾之行彻彻底底地伤了她的心。即便如今地位不同了，读者群更加壮大了，她也不愿带着伤经受当年的折磨。

1989年1月，她给张子静写了一封信，内容如下：

“小弟：

你的信都收到了，一直惦记着还没回信，不知道你可好。我多病，不严重也麻烦，成天忙着照料自己，占掉的时间太多，剩下的时间不够用，很着急，实在没办法，现在简直不写信了。你延迟退休最好了，退休往往于健康有害。退休了也顶好能找点轻松点的工作做。我十分庆幸叔叔还有产业留下给你。姑姑是跟李开第结婚——我从前在香港读书的时候他在姑姑做事的那洋行的香港分行做事，就托了他做我的监护人。Dick Wei的名字陌生，没听说过。消息阻塞，有些话就是这样离奇。传说我发了财，又有一说是赤贫。其实我勉强够过，等以后大陆再开放了些，你会知道这都是实话。没能力帮你的忙，是真觉得惭愧，惟有祝安好。

瑛

一月二十日，一九八九年”

（节选自西岭雪:《张爱玲传》）

仅仅简短的数百字，我们就看出了张爱玲的凉薄。

这是姐弟自大陆一别后的第一封回信。从信的内容上看，张子静应该有求于她。不然，她不会在信中说“没能力帮你的忙，是真觉得惭愧，惟有祝安好”。

那时的她，仍旧像一叶浮萍，不知往何处飘，也不知在何处安生。

两姐弟之后又写过几封信，但由于她的漂泊不定，也只维持了两三次的通信，结果又断了消息。从此，他只能在报刊上看姐姐的信息，每一次阅读，都倍感温馨。

在一个秋风凄凉的午后，他的思绪再次飞往1943年。

当时张子静辍学在家，闲来无事，便准备和几个同学合伙办一期杂志。杂志的名字叫《飙》，有冲破黑暗，给中华大地席卷一场暴风雨的意思。

迫于销路的考虑，同学们一致希望他能找张爱玲约稿，那样的话杂志肯定会火起来。张子静十分了解姐姐，她性格乖僻，又捉摸不透，找她约稿能成的概率几乎为零。

果不其然，张爱玲听说他们几个同学办了杂志，言语中有几分不屑。她是如此清高，如此孤傲，真会将作品放在连二流都算不上的杂志上?

不过，她亦没有就此回绝了弟弟，反而送他一副自己的素描画，权当杂志的插图。

显然，张爱玲的号召力绝不容小觑，即便是一张插图，也一样可以引起读者争相购买。那时，《飙》的销售还不错。

后来，为了给杂志打开市场，张子静又在同学们的怂恿下，写了一篇有关张爱玲的文章《我的姊姊张爱玲》。全文不长，也仅有一千四百字。

但是，我们却从中发现了一个非同一般的张爱玲。张子静从衣服说到电影，又从电影谈及绘画、读书、学英文等各种细节。他终究是张爱玲的弟弟，一字一句，都能将尘封于往事中的记忆勾勒出来。

“她的脾气就是喜欢特别：随便什么事总爱跟别人两样一点。就拿衣裳来说吧，她顶喜欢穿古怪样子的。

记得三年前她从香港回来，我去看她，她穿着矮领子的布旗袍，大红颜色的底子，上面印着一朵一朵蓝的、白的大花，两边都没有纽扣，是跟外国衣裳一样钻进去穿的。领子真矮，可以说没有;在领子下面打着一个结子，袖子短到肩膀，长度直到膝盖。我从没有见过这样的旗袍，少不得要问问她这是不是最新式的样子，她淡漠地笑道：‘你真是少见多怪，在香港这种衣裳太普通了，我正嫌这样不够特别呢！’吓得我也不敢再往下问了。我还听别人说，有一次她的一个朋友的哥哥结婚，她穿了一套前清老样子的绣花袄裤去道喜，满座的宾客为之惊奇不止。

……她曾经跟我说：‘一个人假使没有什么特长，最好是做得特别，可以引人注意。我认为与其做一个平庸的人过一辈子清闲生活，终其身，默默无闻，不如做一个特别的人，做点特别的事，大家都晓得有这么一个人;不管他人是好是坏，但名气总归有了。’这也许就是她做人的哲学……”（节选自张子静：《我的姊姊张爱玲》）

她就是她，最独一无二，最与众不同的她。

如果说做点特别的事就是她的人生哲学的话，那在滚滚红尘中辗转的岁月里，她的确做到了。

这篇《我的姊姊张爱玲》刊登在1944年10月《飙》的创刊号上，张爱玲送他的那张素描做了插图。而那次，也成了姐弟俩唯一的一次合作。

从那以后，天高路远，海岸延绵，彼此想见一面都是难事，更别提合作了。

1995年，时隔五十年后，张爱玲于洛杉矶的家中离世。消息传到了张子静的耳朵里，哀伤之余，竟又勾起绵延的回忆。他将这篇文章加了个头，再次发表。

姐姐的身影，就像暗夜中浮动的竹影。每当一个人的时候，总会感到孤独和凄凉。

他终身未娶，姐姐后半生孤苦伶仃。两个人，一个在东方，一个在西方，当真隔海相望了。

翌日，台湾作家李季按图索骥，找到了位于上海江苏路的张子静，并把一本《张爱玲全集》和许多剪报交到他的手中。他颤颤巍巍地翻开书，没想到第一篇映入眼帘的文章竟是《弟弟》。

彼时，多少感伤，多少凄凉，顷刻间蜂拥而至。

他几度落泪，几度潸然，太多的情感无处安放。

“我弟弟生得很美而我一点也不。从小我们家里谁都惋惜着，因为那样的小嘴、大眼睛与长睫毛，生在男孩子的脸上，简直是白糟蹋了。长辈就爱问他：‘你把眼睫毛借给我好不好？明天就还你。’然而他总是一口回绝了。有一次，大家说起某人的太太真漂亮，他问道：‘有我好看么？’大家常常取笑他的虚荣心。

他妒忌我画的图，趁没人的时候拿来撕了或是涂上两道黑杠子。我能够想象他心理上感受的压迫。我比他大一岁，比他会说话，比他身体好，我能吃的他不能吃，我能做的他不能做。

一同玩的时候，总是我出主意。我们是《金家庄》上能征惯战的两员骁将，我叫月红，他叫杏红，我使一口宝剑，他使两只铜锤，还有许许多多虚拟的伙伴。开幕的时候永远是黄昏，金大妈在公众的厨房里咚咚切菜，大家饱餐战饭，趁着月色翻过山头去攻打蛮人。路上偶尔杀两头老虎，劫得老虎蛋，那是巴斗大的锦毛毬，剖开来像白煮鸡蛋，可是蛋黄是圆的。我弟弟常常不听我的调派，因而争吵起来。他是‘既不能令，又不受令’的，然而他实是秀美可爱，有时候我也让他编个故事：一个旅行的人被老虎追赶着，赶着，赶着，泼风似的跑，后头呜呜赶着……没等他说完，我已经笑倒了，在他腮上吻一下，把他当个小玩意。

有了后母之后，我住读的时候多，难得回家，也不知道我弟弟过的是何等样的生活。有一次放假，看见他，吃了一惊。他变得高而瘦，穿一件不甚干净的蓝布罩衫，租了许多连环图画来看，我自己那时候正在读穆时英的《南北极》与巴金的《灭亡》，认为他的口胃大有纠正的必要，然而他只晃一晃就不见了。大家纷纷告诉我他的劣迹，逃学，忤逆，没志气。我比谁都气愤，附和着众人，如此激烈地诋毁他，他们反而倒过来劝我了。

后来，在饭桌上，为了一点小事，我父亲打了他一个嘴巴子。我大大地一震，把饭碗挡住了脸，眼泪往下直淌。我后母笑了起来道：'咦，你哭什么？又不是说你！你瞧，他没哭，你倒哭了！'我丢下了碗冲到隔壁的浴室里去，闩上了门，无声地抽噎着，我立在镜子前面，看我自己的掣动的脸，看着眼泪滔滔流下来，像电影里的特写。我咬着牙说：'我要报仇。有一天我要报仇。'

浴室的玻璃窗临着阳台，啪的一声，一只皮球蹦到玻璃上，又弹回去了。我弟弟在阳台上踢球。他已经忘了那回事了。这一类的事，他是惯了的。我没有再哭，只感到一阵寒冷的悲哀。”（节选自张爱玲：《弟弟》）

从思念的罅隙中缓过神，张子静有了一个想法，要给姐姐写一本书。于是，他和李季两个人共同商议，决定要好好地筹划这件事。

此时，张子静已经写了一两万字的手稿，两人又在一问一答中，凑够了三万五千字。终于，一部名叫《我的姊姊张爱玲》的书横空出世。在这本书中，我们看到了张爱玲的家庭变故，人世沧桑。

彼时，多少恨也罢，多少爱也罢，都随着昨天逝去的云霞，永远葬送在过去。

张子静不自禁地落泪，提笔写了代序《如果我不写出来》，文中写道：

> “一九八九年终于和姊姊再联络上后，我就决定要为姊姊写点东西。姊姊在她的散文中，也写了一些早年生活的片段，但未及于生活的全部真相。还有一些事则是她没写，也不愿写的，在这方面，姊姊有她的自卑，也有她的自卫。加上她后来与世隔绝，关于她的种种传说……以讹传讹，更为扑朔迷离，神秘莫测。
>
> 姊姊和我都无子女。她安详辞世后，我更觉应该及早把我知道的事情写出来。在姊姊的生命中，这些事可能只是幽暗的一角，而曾经在这个幽暗角落里出现的人，大多已先我们而去。如今姊姊走了，我也风烛残年，来日苦短。如果我再不奋力写出来，这个角落就可能为岁月所深埋，成了永远难解之谜。”（节选自张子静：《如果我不写出来》）

或许，那些未了的记忆，那些儿时的痛，也成了他缅怀姐姐最好的片段。

想着想着，他再也控制不住倾泻而下的泪水，在交错的时空中，我们仿佛听到了他的呢喃：“‘很美’的我，已经年老，‘没志气’的我，庸碌大半生，仍是一个凡夫。父母生我们姊弟二人，如今只余我残存人世了。”

不管姐姐当初待他如何，也不管曾经是恨还是怨。张子静一直记得，他们流着一样的鲜血，始终是一家子。

当所有人都在埋怨，张爱玲在弟弟困难时未能资助，死去时也未将所有财产交给他，反而给了宋淇夫妇（两个与张爱玲毫无血缘关系的人）时，他仍旧很厚道地替姐姐解释：“我了解她的个性和晚年生活的难处，对她只有想念，没有抱怨。不管世事如何幻变，我和她总是同血缘，亲手足，这种根祇是永世不能改变的。”

有时我在想，若张爱玲还活着，听到了弟弟这番言论，又会不会后悔将财产给了宋淇夫妇？毕竟，她并非一个无情的人，张子静说到底都是她的弟弟，这个世上唯一一个最亲的人。

在遥远的异国他乡，随着时光的流逝，她也许忘了那个出现在她生命中的弟弟。然而，曾经很想念姐姐的弟弟，仍旧以他的宽容和大度静候姐姐的到来。

只是，他没等到那一天，就于1997年10月12日仙逝。

那是张爱玲走后的第二年，他紧跟着姐姐的步伐，也迈向了遥不可及的天堂。

我们期许着两人再见，彼时，画面一定很美，而我们深爱的张爱玲，肯定也露出了烂漫的笑容。因为，在尘世中徘徊这么多年，她很累，很忧伤，急需要一家人团聚。

质本洁来还洁去

八十年代中期，张爱玲热到了鼎盛。

《倾城之恋》开始在《收获》杂志发表；夏志清教授写的《中国现代小说史》中译本发行，并对张爱玲做出了很高的评价；柯灵的《遥寄张爱玲》在《收获》和《读书》杂志上发表。

一时间，张爱玲三个字被骤然放大，无数的读者和书迷像蜂窝聚集，五湖四海，无一幸免。

在大陆，为了满足读者的需求，各大出版社开始疯狂地印刷张爱玲的书。这一类书，大多都是未经授权的。张爱玲当然不满未经授权的书出版，然而那时的李开第已经八十多岁，早已管不过来了。

1985年，上海书店影印出版了旧版的《传奇》。这是内地最早出版的张爱玲的作品。七年后，安徽文艺出版社又出版了一套《张爱玲文集》。此时，“张爱玲热”像海啸一般席卷而来，在祖国大地开了花。

到了八十年代末，她的书已经传遍大街小巷，即便她想力挽狂澜，阻止盗版，也是心有余而力不足。无可奈何之下，她唯有继续整理旧作，并于1987年出版了《余韵》，1988年出版了《续集》。这两本书都是台湾皇冠出版社出版的。

那是一个繁华锦绣的年代，她的生活应该好过才对。

然而，张爱玲却在八十年代中期频繁搬家。至于原因，当是张爱玲研究中又一个无头公案——躲跳蚤。

曾经年轻时，她在《天才梦》中写过这样一段话："生命是一袭华美的袍，爬满了蚤子。"

而今到了晚年，她果然在躲蚤子，而且躲得很狼狈，也很揪心。

从1984年8月到1988年3月，仅仅三年半的时间，她每隔一个星期搬一次家。这是怎样的概念，细算下来，她搬家的次数竟然高达一百八十多次。如果当时张爱玲去申请世界吉尼斯纪录，恐怕夺冠也不成难事。

当时，从一封她写给夏志清的信中，可以看出端倪："天天上午忙搬家，下午远道上城（主要去看医生），有时候回来已经过午夜了，最后一段公车停驶，要叫汽车——剩下的时间只够吃同睡，所以才有收信不拆看的荒诞行径。直到昨天才看到了你1985年以来的来信。我这样莫名其妙，望你不会见怪。你来信问我为什么不趁目前中国出版界女作家热振作一下，问题在于我得了慢性病。虽然不是大病，但光看牙医就是两年多，目前还在紧急状态。收到信，只看账单和紧急的业务信，你，还有久不通信的炎樱的信，都是没有看就收起来了。日而久之，我也荒废了日常功课。"

原来，那段时间里她生了病，而且身体一天不如一天。从信中可知，炎樱也给她写过信，只怪当时忙于应酬，竟不得闲拆开看。

倏然间，这不禁让人惊诧道："她的生活到了何等地步，居然会夹杂着落魄和无奈？"或许，她太"洁身自爱"了，以至于世上任何的污秽都融不进她的眼中。

在她躲蚤子的那段日子里，庄信正一直担心她的健康。于是，就把自己的一位好朋友介绍给了张爱玲，这人就是陪她走完最后一段时光的林式同。

林式同是一位土木工程师，也是一位建筑商。他对文学知之甚少，更不知道张爱玲的大名。在他眼中，这位孑然一身的老妪，只是庄信正托付他的责任罢了。

他们第一次"见面"很独特，没有看到彼此的脸，却是在门口隔空对话了两句。

那时，张爱玲住在Kingsely公寓305室。林式同为了给她送东西，在路上开了四十分钟车，中途还被开了罚单。然而等他来到家门口，敲了两下门后，才听到一阵微弱的声音传来："非常抱歉，我没穿好衣服，你把信放在门外就请回去吧。"

彼时，林式同一阵惊诧，他未想到这个人如此难沟通，一点也不通情达理。然而，张爱玲毕竟是好朋友千叮咛万嘱咐要照顾的，他也不是小肚鸡肠的人，所以也就不了了之了。

林式同与张爱玲再次见面是在一年之后。当时张爱玲要搬家，主动打电话约他在汽车旅馆的会客厅见面。实际上，这才算做两个人第一次会面。因为此时，他们才真真正正见到彼此的脸。

张爱玲头上包着一个灰色的毛巾，身上套着一件近乎灰色的宽大的灯笼衣，穿着浴室里用的毛拖鞋。林式同乍一看，竟有一种“了无声地飘过来，水一般的亮丽自然”的感觉。

她告诉林式同，搬家时丢了证件，所以申请房子很困难，目前只得住在汽车旅馆，若下次想再搬家，就需要他的帮助了。

其实，为她服务，本就是林式同分内的事情。他只是不知道，张爱玲在以前的公寓住得好好的，为何要搬家。对于这个问题，张爱玲的回答很简短，也很直接。原来，她曾经的公寓里有跳蚤，而且源自于南美洲，生命力特别旺盛，即便是杀虫剂，也不管用。

灭不了，只能躲。

她不愿将时间浪费在对付跳蚤上，也不愿此生将就着过活。她有自己生活的标度，即便住得寒酸，也必须要干净。

最后的七年里，她从不接见任何外来人。

然而，1988年，还是发生了一件震惊文坛的“记者与垃圾”事件。

这件新闻的制造者名叫戴文采，她十九岁就开始崇拜张爱玲。那年，戴文采三十二岁，还是一位正值中年的女人。而此时的张爱玲已经六十八岁，整整大她两倍有余。

戴文采在台湾某报社的资助下只身来到洛杉矶，与房东说，必须住在张爱玲的隔壁。直到十多天后，她才等来这样一个机会，便毫不犹豫地搬了进去。

与张爱玲毗邻，是一件多么美好，又多么让人亢奋的事情。

每天晚上，戴文采都会趴在墙壁上听张爱玲屋子里传来的电视机的声音。

那声音，很空灵，很嘈杂，也很凄冷。

或许，空荡荡的屋子里只有张爱玲自己，即便电视仍旧喧嚣着，也填补不了这一份冷清。然而，她就是喜欢这种仿佛来自闹市的声音，也愿意让屋子里飘荡起人气，因为这样就能掩盖住她内心小小的寂寞。

她很少出门，生怕从外面带进来细菌；也不再经常换洗鞋袜，只穿着一次性的拖鞋，脏了就扔了；不再打理发型，只是戴着假发头套；也不再化妆，却一直用着很好的护肤品。

纵然年纪大了，身体乏了，人也懒了，但她依旧爱美，依旧喜欢用很好的护肤品，生怕岁月太匆匆，而她却老得吓人。

戴文采与张爱玲毗邻了一个月，她每天都在想着如何才能碰到这位老妇人。然而，只有在张爱玲倒垃圾时，她才能穿过草丛瞥见一眼。

也就是每天的那一瞬，让她一辈子铭记于心。

“她真瘦，顶重略过八十磅。生得长手长脚骨架却极细窄。

穿著一件白颜色衬衫，亮如佳洛水海岸的蓝裙子，女学生般把衬衫扎进裙腰里，腰上打了无数碎细摺，像只收口的软手袋。因为太瘦，衬衫肩头以及裙摆的摺线光棱棱的始终撑不圆，笔直的线条使瘦长多了不可轻侮。午后的阳光邓肯式在雪洞般墙上裸舞，但她正巧站在暗处，看不出衬衫白底上是不是印有小花，只觉得她肤色很白，头发剪短了烫出大卷发花，发花没有用流行的挑子挑松，一丝不苟的开出一朵一朵像黑颜色的绣球花。她侧身脸朝内弯著腰整理几只该扔的纸袋子，门外已经放了七、八只，有许多翻开又叠过的旧报纸和牛奶空盒。她弯腰的姿势极隽逸，因为身体太像两片薄叶子贴在一起，即使前倾著上半身，仍毫无下坠之势，整个人成了飘落两字，我当下惭愧我身上所有的累赘太多，她的腿修长怯伶，也许瘦到一定程度之后根本没有年龄，叫人想起新烫了发的女学生；我正想多看一眼，她微偏了偏身，我慌忙走开怕惊动她。佯装晒太阳，把裙子撩起两脚踩在游泳池浅水里，她也许察觉外头有人一直没有出来，我只好回房，待我一带上门立即听到她匆匆开门下锁急步前走，我当下绕另外一条小径躲在墙后远远看她，她走著像一卷细龙卷风，低著头彷佛大难将至仓皇赶路，垃圾桶后院落一棵合欢叶开满紫花的树，在她背后私语般骇纷纷飘坠无数绿与紫，因为距离太远，始终没看清她的眉眼，仅是如此已经十分震动，如见林黛玉从书里走出来葬花，真实到几乎极不真实。岁月攻不进张爱玲自己的氛围，甚至想起绿野仙踪。

我在她回房之后，半个身子吊挂在蓝漆黑盖大垃圾桶上，用一长枝菩提枝子把张爱玲的全部纸袋子勾了出来，坐在垃圾桶边忘我的读着翻找着，在许多满怀狐疑的墨西哥木工之前，我身上浆白了的浅灰棉裙子与垃圾桶参差成优雅的荒凉，我与张爱玲在那大下午的巷里，皆成了‘最上品的图画’。”（节选自戴文采：《我的邻居张爱玲》）

如果在未得知戴文采的为人之前，也许她淘张爱玲的垃圾，还能得到别人的谅解。然而事实上，戴文采一面堂而皇之接近张爱玲，又一面小心翼翼地网罗她的私密之事。试问，哪个人敢留这样的人在身边，岂不是自找苦楚？况且张爱玲从不喜欢别人太留意自己，她常常搬家，也正有躲避闲人的意思。

可是，戴文采并不理会这些，她的亢奋劲头良久未消，因此写下了一篇著名的采访记《我的邻居张爱玲》。她还想通过“潜伏”的岁月大赚一笔，将写好的稿件寄给《联合报》副刊，请求刊登。然而，戴文采并没有等来期待已久的结果，却迎来了冷冰冰的回答：“我们要等到张爱玲百年之后，才能发你的稿子。”

原来，《联合报》是想用戴文采的稿子做“讣闻版”。然而，兴奋过头的戴文采哪里等得了，她恨不得有报纸立刻刊登她的作品。

所以，她又将稿件寄给了《中国时报》。

恰好，当时中国时报的副刊编辑是李季。当他得知戴文采的意图后，也断然拒绝了刊登稿子。

原来，戴文采不仅想继续做“卧底”，还想让《中国时报》支付她新闻稿酬以及在洛杉矶生活的所有费用。李季一向有原则，他知道晚年的张爱玲很需要清静，而戴文采的到来，无疑给张爱玲带来了很大的麻烦。

于是，李季马上给庄信正打了电话，并想让他转告张爱玲。那时，张爱玲已经搬了家，而戴文采也悄悄离开了。

这场沸沸扬扬的“记者与垃圾”事件，到了此时也便告一段落。

不过，张爱玲并非一个不知感恩的人。她在得知了李季的行为后，于1988年圣诞节前夕给他写了一张贺卡。贺卡上清晰地写着七个字“感恩所有的一切”。

1990年，在《中国时报》创刊四十周年之际。李季联系到了张爱玲，诚挚地邀请她担任“第十三届时报文学奖”的决审评委。

意料之中的是，张爱玲拒绝了。不过，她也写了一封信聊表歉意：“有时候片刻的肝胆相照也就是永久的印象，我珍视跟您这份深交的情义，那张卡片未能表达于万一，别方面只好希冀鉴谅。”

张爱玲就是从此时开始与《中国时报》建立了不可割舍的缘分，一直到1994年《对照记》在台湾出版上市，他们又一次撞了个正着。

1994年9月，《对照记》获得了“第十七届时报文学奖特别成就奖”。

那天，她虽未能上台领奖，但却写了一篇文章祝贺。这篇文章，就是张爱玲有生之年最后一篇公开的文字——《忆西风——第十七届时报文学奖特别成就奖得奖感言》。

她这辈子，一共写过三篇贺文。前两篇都是为了面子而写的，但如今的最后一篇，却是怀着感谢与感恩的心情写下的。

李季曾颇为感慨地说：“许多人批评张爱玲冷漠。冷漠无涉道德。……张爱玲并非冷漠，而是对某些人、某些事不屑相与！”

或许是吧，张爱玲的晚年，活出了自己的模样，也活出了淡泊，活出了安定。要说幸福，可能这样的平平淡淡才是真。

张爱玲曾几度搬家，基本都是在林式同的帮助下。直到1991年7月，她才真正安稳下来，在西木区罗彻斯特公寓（10911 rochester ave #206）一住就是四年。

一个人的落寞岁月里，林式同偶来看她。两个人或是闲聊两句，或是各忙各的。有时，林式同不明白张爱玲的意思，也不知如何回答，所以常常有鸡同鸭讲、不知所云的感觉。

那段日子里，写信成了她宣泄自己情绪的方式。虽然张爱玲年纪大了，但审美却依旧很时尚。她每次去书店都要挑一些贺卡，而后存起来放在抽屉里。那些贺卡大多是卡通形象的，色彩分外艳丽，也很时髦。

在她写的众多信中，最让人感动的应是一封写给姚宜瑛女士的信。当年，姚宜瑛的散文集《春来》出版了，张爱玲曾很动情地写道："《春来》真感动人。同一局面，结果总是疏离，没有足够的爱去克服两个世界间的鸿沟。有这样的母亲才有你这样的女儿。有这样的母亲也不一定有这样的女儿。两个人真运气、福气。值得祝贺。"

原来，姚宜瑛与母亲分隔了三十多年之久，直到老人年迈时才得以团聚。

而张爱玲呢？

母亲很早就去世了，她未能见到最后一面，如今想来满满的都是泪。

1991年是多事之秋，很多她认识的，或是最亲近的人，都渐渐陨落。

噩耗先是从台湾海峡飘来，曾给她写过信，邀请她看《滚滚红尘》的三毛自杀了。随后，她的好朋友炎樱去世了。9月份，这个世上最亲爱的姑姑张茂渊也于上海去世，遗嘱上交代，不举行告别仪式，骨灰撒向四海有风的地方。

死亡，突然变得没有那么可怕。

她向来不是一个注重形式的人，所以姑姑死去时，未能回家奔丧。当年，母亲病重，她同样没去英国看望；东方之行时，赖雅发病，她亦未归。

在张爱玲眼中，同是哀伤，同是难过，见与不见，终究免不了流泪。其实，她的心里一直放着那些最爱的人，永永远远不可能摒弃。只是，她把有形的礼仪形式，幻化成无言的悼念罢了。

当年三毛之死震惊文坛，一阵浩浩荡荡的悼亡活动在台湾铺天盖地地席卷而来。这样声势浩大的死法，当真不是她想要的。在张爱玲心中，姑姑的一切从简，洒脱自在的死法，才是她辞世的方式。

1992年2月，张爱玲给林式同写信，确定他为遗嘱执行人。她还调侃说："免得有钱会充公。"遗嘱很简单，一共两条。

一旦弃世，所有财产赠予宋淇夫妇。

希望立即火化，不要殡殓仪式，如在内陆，骨灰撒在任何广漠无人处。

多年后，林式同回忆起那段往事，仍旧觉得诧异和感伤。他在《有缘识得张爱玲》中说道："张爱玲寄来了一封信，信中附着一份遗书，一看之下我心里觉得这人真怪，好好的给我遗书干什么！……遗书中提到宋淇，我并不认识，信中也没有说明他们夫妇的联系处，仅说如果我不肯当执行人，可以让她另请他人。我觉得这件事有点子虚乌有，张爱玲不是好好的吗？……因此，我把这封信摆在一边，没有答复她。可是在张爱玲看来，我不回音，就等于是默许，后来我们从未再提起这件事，我几乎把它忘了。"

此后的每个日夜，她总能感受到死亡的气息。

或许，人到了这个年纪，都会有淡淡的哀伤及深深的恋世。然而，张爱玲却从不让悲观情绪主导自己，她永远都有自己的做事原则，也永远都会提前做好应对一切的准备。

从1991年7月开始，她用了一年的时间，校订完了整部《张爱玲全集》。

试想，这个世上还有谁会在有生之年校订完自己的全集呢?

或许，她不想给尘世留下遗憾，也不想让后来之辈帮自己校订。那些属于她的文字，那些漂浮在时空里的哀伤，终究是她自己的，别人帮不上一分。

然而，张爱玲没有厌恶这样枯燥的工作，反而每天过得很快乐。她还特地为这卷浩大的全集做了总结，也就是最后一部作品《对照记》。

《对照记》是一部带有自传性的图文集。现如今当我们翻开看时，不免有阅尽人世的感悟。

看老照片最让人伤感，却又夹杂着温馨和浪漫。

在秋窗大开，夕阳正红的午后，她肯定一个人反复看过那些照片。一张张被时光冲淡的照片，就这样轻轻翻过去，突然像是翻过了流年。

一辈子，短得有点离谱，而她还未活够。

1993年7月30日，张爱玲给平鑫涛写了一封信："《对照记》加《小团圆》书太厚，书价太高，《小团圆》恐怕年内也还没写完。还是先出《对照记》吧。"

到了10月8日，她又写信叮嘱自己："欣闻《对照记》将在11月后发表……《小团圆》一定要尽早写完，不会再对读者食言。"

我们看得出，其实《对照记》只是她一生相片的累积，而《小团圆》才是一辈子的自传。她要写完，要告诉世人一个真真正正的张爱玲。也要让大家知道，这么多年来，幽居、脱尘的张爱玲到底是怎样走过来的。

12月10日的信中说："《小团圆》明年初绝对没有，等写得有点眉目了会提早来信告知。不过您不能拿它当桩事，内容同《对照记》与《私语》而较深入，有些读者会视为炒冷饭……"

看得出，当时平鑫涛肯定催过张爱玲。他想及早出版《小团圆》，恐怕也担心张爱玲某日辞世，再未有机会出版了吧。

这一延宕，竟再没有写完！

实际上，《小团圆》有两稿，前一稿是七十年代动笔并写完的。据张爱玲的文学遗产执行人宋以朗表示，早在二十世纪六十年代，她以英文写完了二十三万字的自传性小说《易经》，只怪当时未能找到出版社，所以只好作罢。

1964年，朱西宁曾想以胡兰成口述为张爱玲立传，也许基于这个原因，她才从《易经》中抽取了一段，用了十个月时间改成了《小团圆》。这就是《小团圆》的第一稿，她如此匆忙，恐怕是不想让别人评价自己的一生吧。尤其是胡兰成，那个她最恨，也最不愿见的男人。

第一稿《小团圆》未出版，张爱玲还曾在1992年给宋淇的信中说：“《小团圆》小说要销毁。”

1993年，她又开始写《小团圆》，但第二稿未写完，张爱玲就仙逝了。如今的出版社变着花样出版，却不知到底发行的是哪版。

直到2009年2月23日，在台湾皇冠文化公司成立五十五周年纪念日的次日。《小团圆》终于揭开了面纱，开始在海峡彼岸正式发行。

彼时，无数的张迷欢呼雀跃，他们等了二十年，也憧憬了二十年。

一路走来，多少人都老了，而《小团圆》却没有老。如今，仍旧像它的主人那样，扬起高傲的头，傲视整个中华文坛。

《对照记》从1993年11月开始在《皇冠》杂志连载，后来张爱玲又亲自加了副标题《看老照相簿》。1994年6月，《对照记》出了单行本。1995年，获得台湾《中国时报》“文学特别成就奖”。

当老人听到这个可喜的消息后，也不忘去照相馆拍照庆贺。当这张被岁月浸透的照片远渡重洋，飘到台北后，我们才得以看到人生中最后时刻的张爱玲的模样。

她很老了，迈不动步伐了，整个人越发消瘦。

《对照记》再版时，她特意将照片放在最后一页，并写了一段深情的旁白：

“写这本书，在老照相簿里钻研太久，出来透口气。跟大家一起看同一头条新闻，有“天涯共此时”的即刻感。手持报纸倒像绑匪寄给肉票家人的照片，证明他当天还活着。其实这倒也不是拟于不伦，有诗为证。诗曰：

“人老了大都
是时间的俘虏
被圈禁禁足。
它待我还好——
当然随时可以撕票。
一笑。”（节选自张爱玲：《对照记》）

一笑，灿若春红。

她希望如一只蹁跹蝴蝶而来，也如一袅青烟而去。

死亡，只不过化去了形迹。她的文字和精神，恍如春花般开在每个张迷的心里。

一年四季，轮回再生。

她不是三毛，从未想过自杀。甚至她很爱惜自己，用最好的护肤品，经常去看医生。

如今老了，身体各项器官都不行了。而死亡，也成了必然。

她不再害怕，不再恐惧。

就这样悄悄地，在一间陋室中，静静地等待死亡的降临。

尘世中所有的一切，她都安排得有条不紊。

《张爱玲全集》校订完了，《对照记》获奖了。

她扪心自问，一生中，可还有遗憾?

终究，无憾了。

于是，她把所有文件整理好，一辈子不希望麻烦别人的张爱玲，临死前也不愿。身份证、遗嘱全都收拢到了一只黑色手提包中，然后放在开门处，让人一眼便能洞悉。

晚年的她从不爱做家务，可如今就要走了，应该打扫打扫。不能等她死后，让闯进来的人惊诧一句，张爱玲好脏!

她一直惧怕跳蚤，年轻时恐，年老时惧。所以，又拿起杀虫剂喷了一遍。

这次，她想质本洁来还洁去，强于蚤子污净身。

可是，屋子里还是很黑暗，她想看到光，想让笼络大地的太阳打在身上。据说跟着光走，就能找到天堂。

她要去天堂，要让风和阳光漫进来。

若是还有，便是喧嚣的市井声。

不过，灰尘呢?她一辈子干净极了，死了也不能被灰尘玷污。

终于，她关上了窗户，又打开空调。

顿时，她安静了，也舒心了。

她躺在床榻上，斜靠着被褥，静静地看起了电视。那是唯一一个与世界交流的平台，每当看到外面的境况，她就会欣慰地一笑。

那双流泪的双眸还是合上了，只是在闭上的刹那，她仿佛看到了光。

没错，是来自天堂的光。

有母亲温暖的怀抱，有姑姑温柔的叮咛，也有赖雅，一辈子的呼唤。

她还是那个小煐，在大上海颠簸了数十载，在异域沉浮了半世纪的小煐。

如今，就要回去了。

突然，很温暖。

1995年9月8日，中国的“中秋节”前一天。

林式同在房东女儿的呼喊声中，惊慌地来到张爱玲住的公寓。

他没能走进屋子，被警察拦在门外。透过缝隙，一丝冰冷漫过来，没了温度，也没了心跳。他那时才顿觉，张爱玲真的走了，再也不会回来了。

还好，他拿到了张爱玲生前留下的包裹，里面装满了信件和文件，他千叮咛万嘱咐要好好保管，因为这是张爱玲一辈子的心血，他毁不得。

火葬前，殡仪馆的人让林式同签字。

他才从茫然中缓过神，原来在这里，张爱玲已经没有亲人了。

可是，没有见到遗体，怎能就草率地签字呢？

走进沉闷的屋子，看到她微笑的遗容。

整个世界，又一次安详。

她就躺在房中唯一的一张行军床上，电视机被人关掉了。

身上穿着一件褐红色的旗袍，身下是一张灰蓝色的毯子。

她的头发很短，手脚自然平放，眼睛紧闭着，神态很安详。

或许，她没有痛苦，走的时候，就已经知道了这一切的降临。

但是，那一袭华美袍，无不想告诉我们。

她仍旧是中国女人，即便死在异域他乡，一样来自中国，归于中国。

据法医鉴定结果可知，张爱玲死于六七天前，或是9月1日，或是9月2日。至于死因，是心血管疾病。林式同从未想到，这个经常抱怨牙疼、眼疾、皮肤病的老妪，竟会死在了一个自己并未留意的病上。

清理房间那天，林式同为了方便，特意请了一位朱小姐帮忙。

若不是闯进这件封闭了许久的屋子，他们怎么也不会想到，张爱玲竟过得如此“狼狈”。

墙上空空如也，没有悬挂任何装饰品。靠近窗户有一沓纸盒，这就是她的“写字台”，并伏在上面创作完了《小团圆》和《对照记》。

她没有家具，就连电视机也是放在地上，每天依靠在床上看。厨房中零散分布着纸碗和刀叉，每次吃完饭后，随即扔掉，因为她懒得刷，也可能是刷不动了。

她的浴室很乱，没有放置毛巾，到处都是扔掉的纸巾。这可能是因为她不愿洗东西，抑或是连拧毛巾的力气都没了。

在张爱玲另外租的小仓库中，有一个三英寸的空间。仓库中堆满了她的文学著作和打字手稿等。而所有的一切，都被她放在了一个手提袋里。最后，这个手提袋漂洋过海，寄给了远在香港的宋淇夫妇。

这些遗物大多都是手稿，有《少帅》、《上海闲游人》，还有未完成的《小团圆》、《描金凤》等。至今，除了《小团圆》外，其余的书稿仍旧是个谜，从未公开发表。

9月19日，张爱玲在美国洛杉矶惠捷尔市玫瑰岗墓园火化。

9月30日，是张爱玲诞辰七十五周年。按照中国传统的习俗，这一天是她的七十五岁冥诞。林式同在一群好友的陪伴下，乘船来到茫茫大海。众人对着骨灰一拜再拜，仿佛永远也不想起身。

然而，当主持者的简短祭文诵完后，他们才在一阵船笛沉闷的哀声中，将骨灰撒向了一眼望不穿的太平洋。

彼时，风轻轻地吹，太阳慢慢地洒，一抔红白掺杂的玫瑰花瓣，也从林式同等人手中飞出。它们仿佛不知人事的孩子，欢乐地奔向化成飞烟的主人身边。那样温柔，那样单纯。

蓦然间，大海中有白玫瑰，也有红玫瑰。

而张爱玲的魂魄，将永封于大海。

自此，她飘零的一生，又恍如浮萍，重获自由。

如今，只要有大海的地方，我们就仿佛能听到那个低沉的声音：

——“我比较喜欢那样的收梢。”

后记

我以前不是张迷，甚至连《倾城之恋》都未看完。

那时觉得这类作品很无聊，早已跟不上时代了。而今写了《张爱玲传》（确切地说是后半生），竟突然很心疼这个要强的女人。

我开写的部分是她去美国后的岁月，所以她与胡兰成具体经历过什么，不尽知晓。然而，在我读的其他作者所著的张爱玲传记中，却记载了同一个胡兰成的人物形象——汉奸、伪文人、假君子。

张爱玲很孤傲，气质如盛开的百合花。

她把赚的大部分稿费给胡兰成花，把身体和精神孤注一掷。

她以为，爱上了，就能一辈子。

然而胡兰成呢？他们分开没多久，他不甘寂寞地在医院找了小护士。两人暧昧不说，竟苟且为之。他彻底伤了她，如一把刀，宰割得干干净净，分文不剩。

于是，她遁逃，一离故国，便再也没有踏进一步。

在美国，她遇到了大她二十九岁的过气作家赖雅。

那年她三十六，他六十五。

我原以为，年轻的女人嫁给糟老头必然有利益可图，名也好，财也罢，终究是生不带来死不带去的东西。

然而，张爱玲却恰恰相反，她做事从不与大众苟同。

她很爱赖雅，在他老去的岁月里，只剩她一个人赚钱养家。美国并没有想象中的那么好，他们常常食不果腹，赖雅偶尔也会中风，经常去医院，但一切没有让张爱玲退缩。

曾经她为赖雅在家中用古方堕胎；为他每天熬夜到凌晨三点写剧本赚钱；为他晚上捶背捏肌肉，等他睡去时自己才睡。

在赖雅最后的时光里，女儿不见他，前妻不理他，所有的人都抛弃他，独剩张爱玲永远留在他的身边。

若世上有种爱情叫至死不渝，那么张爱玲真的做到了！

后来，三毛根据她和胡兰成的故事写了一个剧本，叫《滚滚红尘》。电影上映时，三毛将电影票邮给远在美国的张爱玲，她却拿出票又装回去，很烦躁地说：“真讨厌！”

也许，她不喜欢别人刻意讲她的故事，尤其是和胡兰成，她恨透了！

张爱玲死时很孤独，离世六七天才被发现。

她无儿无女，骨灰也撒向了茫茫的大海之中。

彼时，伴随她的有红玫瑰和白玫瑰。

在蔚蓝的海平面上，一抹是艳红，一抹是洁白。

若说前半生，她定是娇艳异常的红玫瑰。孑然一身，喜欢独一无二，喜欢放荡不羁；而后半生，又仿佛是清闲淡雅的白玫瑰，不入凡俗，抽离尘世。

她的一生，终究像她所挚爱的《红楼梦》中的“好了歌”唱的那样：荒冢一堆，草没了。

图书在版编目（CIP）数据

倾城之恋，半生温暖：张爱玲后记 / 静雅著 .—北京：时事出版社，2016.3

ISBN 978-7-80232-934-8

Ⅰ.①倾… Ⅱ.①静… Ⅲ.①张爱玲（1920~1995）-生平事迹 Ⅳ.① K825.6

中国版本图书馆 CIP 数据核字（2015）第 306290 号

出版发行：时事出版社
地　　址：北京市海淀区万寿寺甲 2 号
邮　　编：100081
发行热线：（010）88547590　88547591
读者服务部：（010）88547595
传　　真：（010）88547592
电子邮箱：shishichubanshe@sina.com
网　　址：www.shishishe.com
印　　刷：北京建泰印刷有限公司

开本：670×960　1/16　印张：17　字数：170 千字
2016 年 3 月第 1 版　2016 年 3 月第 1 次印刷
定价：29.80 元
（如有印装质量问题，请与本社发行部联系调换）